环湖城市群规模结构
演变与绩效

RESEARCH ON
THE EVOLUTION AND PERFORMANCE OF
CITY CLUSTER AROUND LAKE

刘耀彬 著

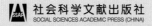
社会科学文献出版社
SOCIAL SCIENCES ACADEMIC PRESS (CHINA)

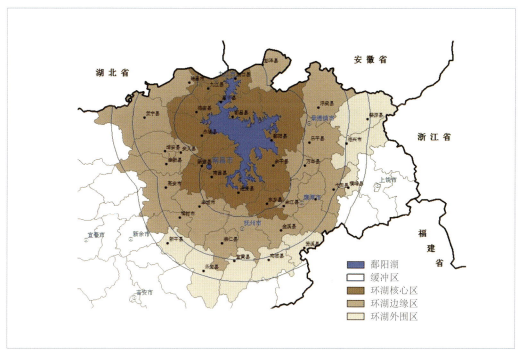

环鄱阳湖区缓冲区及城市分布

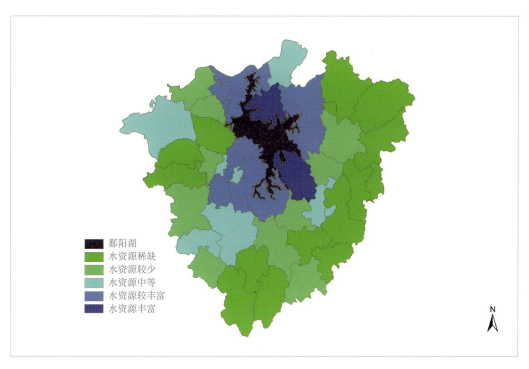

环鄱阳湖区各城市水资源含量情况（2010 年）

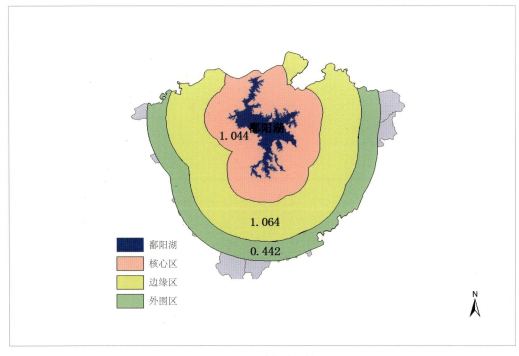

湖泊面积分形空间分异情况

环鄱阳湖区 42 个城市发展 - 人口之间关系

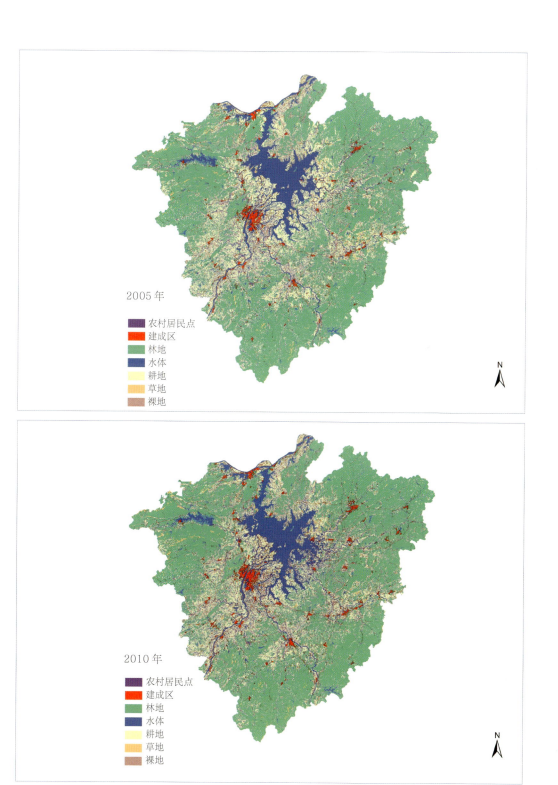

环鄱阳湖区 2005 年和 2010 年土地利用情况

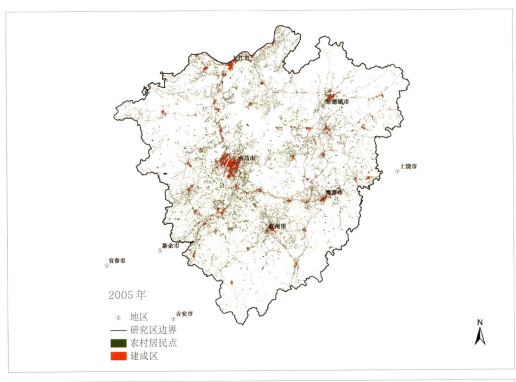

2005 年

⊙　地区

——　研究区边界

　　农村居民点

　　建成区

N

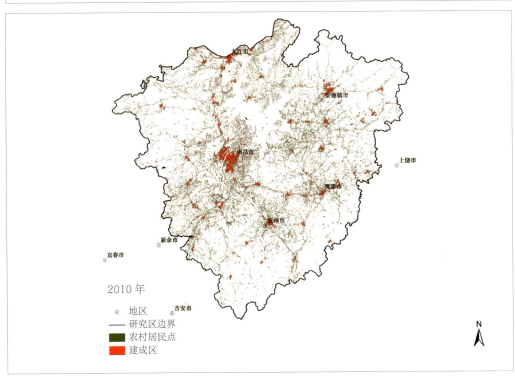

2010 年

⊙　地区

——　研究区边界

　　农村居民点

　　建成区

N

环鄱阳湖区 2005 年和 2010 年建成区与农村居民点

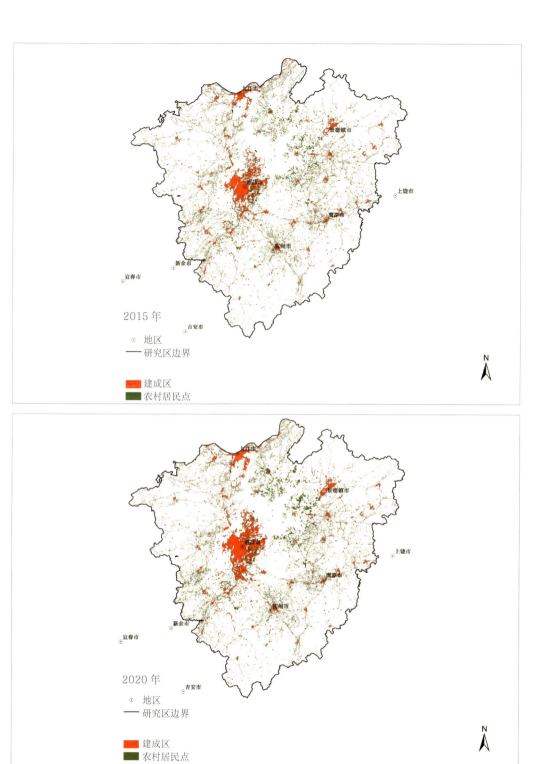

自然发展情景的城市化进程（2015 年和 2020 年）

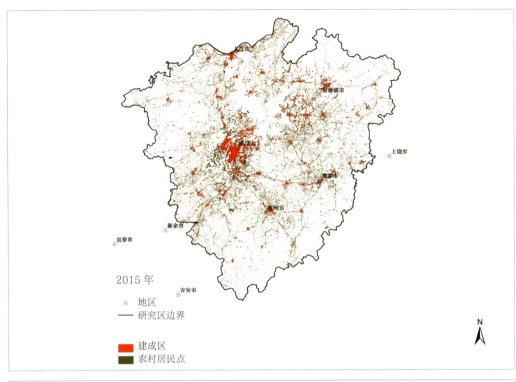

2015 年

⊙　地区

——　研究区边界

■　建成区
■　农村居民点

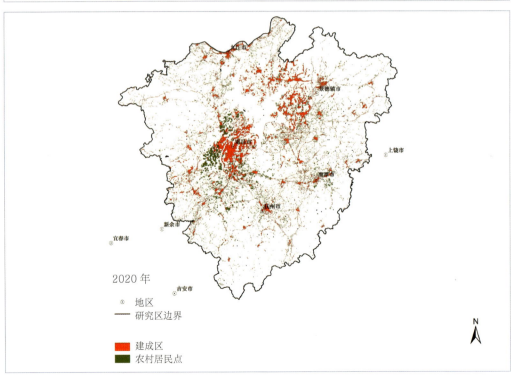

2020 年

⊙　地区

——　研究区边界

■　建成区
■　农村居民点

首位型情景的城市化进程（2015 年和 2020 年）

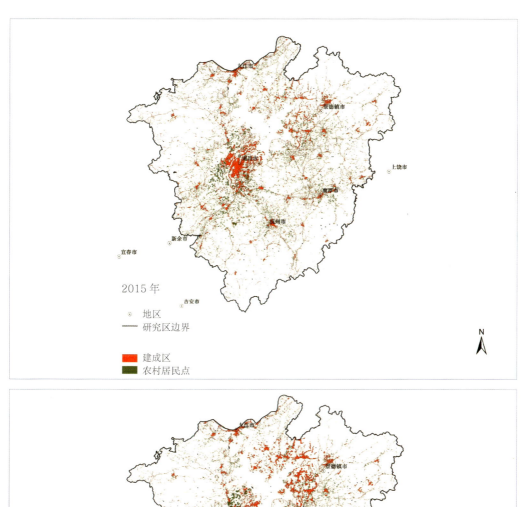

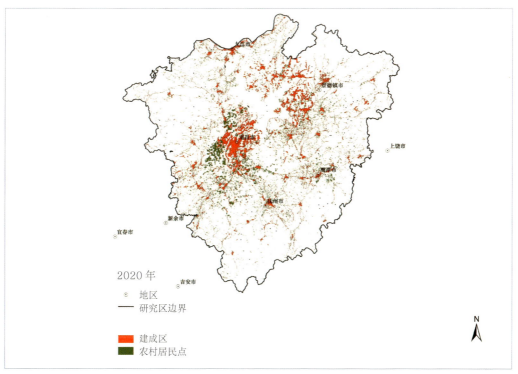

等级型情景的城市化进程（2015 年和 2020 年）

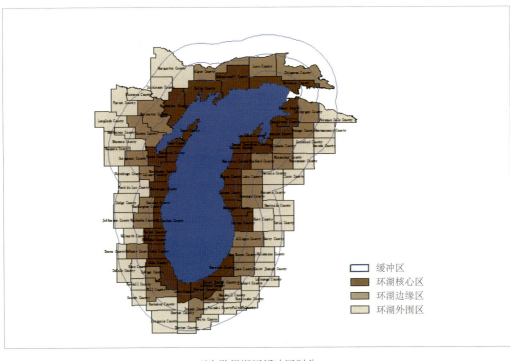

环密歇根湖区缓冲区划分

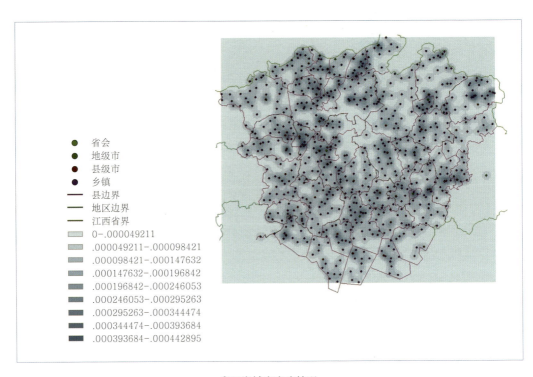

鄱阳湖城市密度情况

摘　要

　　湖域地区城市化已成为世界性的一个普遍趋势，并逐渐演化成复杂的环湖城市群空间网络化现象。湖域地区作为一类特殊的生态敏感区，其水环境问题突出。如何建立湖域城市群空间网络结构分析框架和分析模型，进而对其绩效展开科学评价和实施有效管理，已成为资源学科和区域管理学科必须解决的科学问题。鄱阳湖是中国第一大淡水湖，其流域面积占江西省面积的97%，它的发展对于江西乃至全国的经济发展和生态环境建设具有十分重要的意义，研究环鄱阳湖城市群空间网络结构演变与绩效有重大的理论与实践意义。

　　本书基于地理学三大定律、水资源约束理论、城市规模等级理论和城市异速增长理论，分别运用分形模型、门槛模型、情景模拟法、DEA-Malmquist 模型等方法，探索了水环境约束下的环鄱阳湖城市群规模结构演变的过程及绩效。本书的基本内容如下。

　　第一，探索水环境约束下的环鄱阳湖城市群规模结构演变过程与冲击效果。本书根据环鄱阳湖城市群的发展特征以及环鄱阳湖地区产业发展的特征，得出环鄱阳湖城市群规模结构演变的四个阶段；建立单位根检验对环鄱阳湖城市群规模结构演变的生长路径进行判断，得出环鄱阳湖城市群城市人口增长率与人口规模之间存在长期相互作用关系，城市规模结构演变以门槛值 0.020 为分界线呈现两种状态；引入空间相互作用与创新扩散两种冲击因素，探究环鄱阳湖城市群与城市间空间的距离和创新扩散之间的关系。

第二，总结归纳水环境约束下的环鄱阳湖城市群城市异速增长的过程和规律。本书对环鄱阳湖区的水资源和城市等级规模进行分形处理，发现环鄱阳湖城市群在水环境约束下的变化过程；并且对环鄱阳湖区城市群从人口、经济、生活和空间的角度分别进行了异速增长分析，发现经济对人口始终是正异速增长的。

第三，揭示水环境约束下的环鄱阳湖城市群城市异速增长机制与情景模拟情况。本书从城市异速增长的影响因子和城市间的竞争合作两个角度出发对环鄱阳湖区城市异速增长机制进行探讨，并通过设定自然型、首位型和等级型三种异速增长情景对环鄱阳湖区城市群2010~2020年的城市异速增长进行了情景模拟。

第四，比较水环境约束下的湖域城市群空间网络结构绩效。本书在构建湖域城市群空间网络结构绩效分析和解析模型的基础上，采用DEA-Malmquist方法将水环境胁迫因素纳入城市群空间绩效的评价模型中，并对两大湖域城市群空间网络结构绩效进行定量评价和比较；借鉴密歇根湖城市群空间网络发展的经验与教训，对鄱阳湖城市群空间结构网络绩效优化途径提出若干策略。

第五，本书在理论和实证分析的基础上得出水环境约束下的环鄱阳湖城市群规模结构演变与绩效分析的研究结论，为环鄱阳湖城市群区域治理提供了科学依据与政策建议。

关键词：水环境约束；城市规模结构演变；绩效比较；环鄱阳湖城市群

目　录

第一章 绪论

第一节 研究背景与研究意义

一 研究背景

随着全球化和信息化的不断深入，资金、技术、劳动力等生产要素不断向发达区域集聚，发达区域出现人口集中、交通网络化和生态环境复杂化等现象，区域之间相互制约、相互联动的演化过程使得城市不再是独立发展，而是以城镇密集区域的"城市群现象"参与全球经济一体化网络（姚士谋等，2006）。改革开放以来，我国的经济、社会、体制都处于急剧变革中，城市化速度渐渐加快，城市群建设发展被提升到国家发展战略的高度。在国家"十一五"规划中，城市群被定义为"推进城镇化的主体形态"，"十三五"规划纲要明确指出，要"建立健全城市群发展协调机制，推动跨区域城市间产业分工、基础设施、生态保护、环境治理等协调联动，实现城市群一体化高效发展"。

鄱阳湖是中国第一大淡水湖，鄱阳湖流域面积占江西省流域面积的97％，它的发展对于江西乃至全国的经济发展和生态环境建设都具有十分重要的意义。2009年12月12日，国务院正式批复了《鄱阳湖生态经济区规划》，鄱阳湖生态区正式成为国内第二个被批复为"生态经济区"的国家试验战略发展区，该区成为江西省及至整个中部地区未来最具有发展潜力和优势的区域之一。2012年3月29日，江西省颁布了《鄱阳湖生态经济区环境保护条例》，条例中明确指出要"坚持统筹规划、生态优先、科学发展的原则，以水资源、水环境、湿地资源和生物多样性保护为目标，以鄱阳湖体、沿湖岸线和长江江西段岸线资源保护与生态廊道建设为重点，加强宏观管理和综合协调，统筹湖区及其流域上下游、干支流的生态建设和环境保护，提高环境容量和生态功能，增强可持续发展能力"。环鄱阳湖城市群作为鄱阳湖生态经济区的载体，其规模结构的演变及发展效率问题值得深入探讨，解决这两个问题对未来鄱阳湖生态经济区生态治理与城市管理有重大意义。

二 研究意义

（1）环湖城市群作为一类典型城市群，其城市规模结构生长更容易受到外来环境和政策的冲击，从而呈现非线性特征。研究表明在空间相互作用与创新扩散的共同作用下，城市体系规模结构的演变可能呈现收敛增长、发散增长和平行增长三种路径。而作为一类特殊的区域性城市体系，环湖城市群受到湖泊水系分形变化的影响，其规模结构在演变路径与生长机制方面可能不同于其他非湖地区。因此，以中国典型的环鄱阳湖城市群为例，揭示城市规模结构非线性生长机制与形成路径具有重要的学术价值，它可以丰富城市规模分布的理论内容，也可以为环鄱阳湖城市群与生态经济区可持续发展提供科学决策依据。

（2）城市体系的演化和发展在过程上具有异速增长的机制，然而不同发展阶段和条件下的城市异速增长存在明显差异。研究发现，环鄱阳湖区城市空间增长不仅出现了异速增长的节律阶段和空间分异特征，而且呈现了在水环境约束下的不同尺度内城市间相互竞争的空间格局。因此，探究水环境约束下的环鄱阳湖区城市群异速增长的规律，深入揭示其内在的竞争机制，从理论上把握其产生条件和过程，模拟不同竞争条件下的城市异速增长情景，有助于指导环鄱阳湖城市群的合理推进。

（3）湖域地区日益城市化已成为世界性的一个普遍趋势，并进而演化为复杂的环湖城市群空间网络化现象。湖域地区作为一类特殊的生态敏感区，如何建立该地区城市群空间网络结构绩效分析框架和分析模型，对其空间网络绩效展开科学评价和实施有效管理成为资源学科和区域管理学科必须解决的科学问题。在对鄱阳湖和密歇根湖两个研究区城市群空间网络结构绩效特征及影响因素分析比较的基础上，本书采用综合模型对两个研究区城市群空间网络结构绩效进行综合定量评价，可以为湖域城市群空间网络结构绩效管理提供国际经验与教训，提出鄱阳湖地区城市空间网络绩效优化途径，这对于提出生态经济区的系统科学决策，具有明显的政策价值。

第二节 研究目标与主要内容

一 研究目标

（1）目标一：探究水环境约束下的环鄱阳湖城市群城市规模结构演变过程与非线性增长特征。本书通过总结环鄱阳湖城市群城市结构演变的生长路径，研究得出环鄱阳湖城市群规模演变阶段；接着从Gibrat法则视角出发，建立环鄱阳湖城市群城市规模结构非线性生长识别与检验的分析框架，探索出环鄱阳湖城市群城市规模结构非线性形成的路径；最后引入空间相互作用与创新扩散两种冲击因素，探究外部环境冲击对环鄱阳湖城市群规模结构的影响。

（2）目标二：探究水环境约束下的环鄱阳湖区城市群异速增长的规律。首先，本书建立水环境约束下的湖域地区城市异速增长的分析框架和方法论体系，为城市体系空间结构的理论和方法研究提供新菜单；其次，在分析水环境约束下的环鄱阳湖区城市异速增长的模式与规律的基础上，揭示其城市异速增长的机制，为不同约束条件下的城市体系空间结构差异研究提供新的经验证据；最后，通过分析城市异速增长的多重均衡条件和过程，模拟不同竞争情形下的环鄱阳湖区城市异速增长变化情景。

（3）目标三：探究水环境约束下的湖域城市群空间网络结构的绩效。本书在辨析城市群空间网络结构绩效概念与内涵的基础上，提出湖域城市群空间网络结构绩效分析框架和评价模型，丰富城市群空间网络绩效管理理论和方法。本书以中国鄱阳湖和美国密歇根湖为例，在对比分析其城市群空间网络结构特征与影响因素的基础上，对其水环境约束下的城市群空间网络结构绩效进行定量测度，并比较其优劣势和问题，提出中国鄱阳湖城市群空间网络结构绩效优化的对策建议，为合理规划与配置环鄱阳湖城市群、建设生态经济区提供科学决策依据。

二 主要内容

全文共分七章，主要包括以下内容。

第一章是绪论。阐明研究背景和意义，阐述研究目标与内容，介绍研究思路与方法，提出本书的特色与创新之处。

第二章是理论基础与文献综述。介绍和梳理地理学三大定律、水资源约束理论、城市规模等级理论和城市异速增长理论等基础理论知识，并从城市群规模结构演变、城市异速增长、城市群空间网络效率三方面对国内外文献进行综述。

第三章是水环境约束下的环鄱阳湖城市群规模结构演变过程与冲击。本书基于水环境约束下的环鄱阳湖城市群发展特征，将其规模结构演变分成四个演化阶段，并从环鄱阳湖城市指数、城市规模分布配置演变、城市规模演变峰值与偏斜变化、城市群规模结构动态转移趋势等方面得出环鄱阳湖城市群规模结构演变规律。根据建立的传统面板单位根与结构变化单位根对环鄱阳湖城市群城市规模结构演变的生长路径进行检验与判断，发现环鄱阳湖城市群城市规模生长过程遵循 Gibrat 法则，城市规模结构演变路径呈现较弱的平行增长态势。从空间相互作用和创新扩散的角度，探究环鄱阳湖城市体系创新扩散的特征以及创新扩散与城市规模、城市位序之间的关系。

第四章是水环境约束下的环鄱阳湖城市群城市异速增长过程与规律。本书以水环境约束为独特背景，将水环境约束分为水量水体和水质压力两个方面。以非农人口作为衡量城市规模结构的指标，对环鄱阳湖区城市发展现状进行分形；在 GIS 和 RS（分形）技术的支持下，采用 RS 技术分析湖泊水体水质分维和城市形态分维，分析水环境约束与城市异速增长的关联关系，揭示水环境约束下的环鄱阳湖区城市异速增长规律，发现经济对人口始终是正异速增长的。

第五章是水环境约束下的环鄱阳湖城市群城市异速增长机制与情景模拟。本书构建城市异速增长影响因素的分析框架，在此基础上运用 Logistic 回归模型对环鄱阳湖城市群异速增长的影响因素进行分析，发现非农人口总数与城市建成区面积和第二、三产业产值比重的变化对环鄱阳湖区各城市的异速增长曲线影响非常大；将环鄱阳湖区城市群分区块范围，运用 Dendrinos-Sonis 模型从竞争合作的角度出发来研究城市群城市异速增长的原因，发现环鄱阳湖区城市群对非农人口资源是竞争与合作并存；通过设定自然型、首位型和等级型三种异速增长情景对环鄱阳湖区城市群 2010～2020 年的城市异速增长进行了模拟。

第六章是水环境约束下的湖域城市群空间网络结构绩效分析。本书以鄱阳湖和密歇根湖作为案例，运用社会网络分析法对两个湖区的经济影响区进行分区分层，运用引力模型对湖区城市群的网络结构经济联系进行比较；构建湖域城市群空间网络结构绩效分析框架与指标体系，将水环境胁迫因素纳入城市群空间绩效的评价模型中，运用 DEA 模型与 DEA-Malmquist 方法对两个研究区城市群空间网络结构绩效进行综合定量评价，为鄱阳湖和密歇根湖城市群空间网络结构绩效优化比较提供依据。

第七章是研究结论与讨论。对本书结论进行总结，指出书中研究存在的不足之处和未来研究的方向。

第三节 研究方法与技术路线

一 研究方法

（一）实地调查与地学数据分析法

在通过网络采集、实地调研和社会统计等方法获取研究区域基本数据的基础上，通过问卷调查、会议访谈和采样等方法获取其城市和水环境方面的第一手数据，且重点采用"国家资源环境遥感宏观调查与动态研究"成果中对环鄱阳湖区的多个时段的遥感数据和1∶100000土地利用/土地覆盖分类图，通过遥感解译和矢量化过程形成地学数据。同时也充分利用教育部鄱阳湖湖泊生态与生物资源利用实验室（南昌大学鄱阳湖研究中心）和教育部人文社会科学重点研究基地——南昌大学中国中部经济发展研究中心及密歇根大学原中国信息研究中心提供的城市群研究的经济社会基本资料、遥感影像数据、水环境监测资料等地学数据和基地数据进行综合对照分析，建立鄱阳湖和密歇根湖城市群空间网络结构绩效研究的多源数据库。

（二）分形方法

分形理论对解释自然界中复杂不规则的要素有显著的效果，它具有"自相似性"的特点，即分形体内任何一个相对独立的部分，在一定程度上都是整体的再现和缩影（张国祺等，1994）。根据这一特性，分形理论被广泛应用在自然地理和人文地理领域的研究中，如山脉、水系、土壤、城市形态、交通道路等都具有自相似的分布特征。分形理论主要应用于地理景观模拟、空间数据压缩和遥感影像处理等方面（秦耀辰等，2003），本书将分形理论和遥感技术相结合，根据环鄱阳湖水资源的现状，运用面积－周长法和关联维数法，从湖区面积和水质两方面对鄱阳湖进行分形分析，将鄱阳湖区划分为核心区、边缘区和外围区。

（三）门槛回归模型

在固定效应、随机效应和动态面板效应模型之中，当变量相对较大时，面板数据模型不足以描述所有横截面单元的参数，这种情况可以采用门槛面板数据模型解决。根据变量设置一个特定的门槛变量，这个门槛变量可以作为解释变量的一个回归元，也可以作为一个独立的门槛变量，在确定了门槛值后便可以将样本分成两组，即小于门槛变量的样本和大于门槛变量的样本，运用这种方法得到的回归结果能更准确地拟合数据，尤其在解释变量和被解释变量之间存在非线性关系的时候更适用（韩玉军等，2008）。

（四）情景模拟法

为了模拟环鄱阳湖城市群城市异速增长的情景，本书构建了由元胞自动机（CA）、马尔科夫链（MC）和 Logistic 回归模型组成的 CML 复合模型。CML 复合模型吸收了 CA 模型对空间序列的模拟优势，拥有 Markov 模型在时间上的模拟优势，在城市群规模结构的时空变化模拟上做到了时间和空间两方面较好的协调和完善（张显峰，2000）。在此模型下，本书设定自然型、首位型和等级型三种模式对环鄱阳湖区城市群进行情景模拟预测，并分别对以上三种不同竞争情形下城市异速增长空间格局进行动态模拟，进而提出水环境约束下的环鄱阳湖区城市异速增长的适宜政策与调控对策。

（五）DEA 模型

DEA 模型又称数据包络分析法，是一种常用的评价效率的方法。Banker、Charnes 和 Cooper 将规模报酬不变的限制放宽，创建了一种规模报酬可变的 DEA 模型——BCC 模型。当被评价的生产单元（DMU）数据为包含多个时间点观测值的面板数据时，Malmquist 指数方法就可以从 DMU 生产率的变动情况、技术效率和技术进步这三方面对生产率变动所起的作用进行分析。本书运用 DEA-Malmquist 模型解决环鄱阳湖城市群的绩效分析问题。

二 技术路线

本书的主要研究思路见图 1－1。

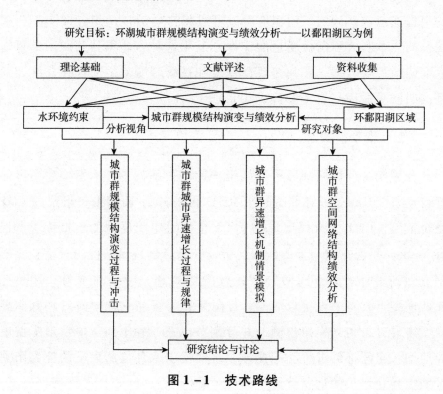

图 1－1　技术路线

第四节　研究特色与创新之处

一　研究特色

（1）新颖的研究视角。本书基于水环境约束这个独特背景，理论分析与应用评价相结合，通过"湖泊效应"对环鄱阳湖城市群进行分区，系统研究水环境约束下的环鄱阳湖城市群的结构与演化。

（2）可推广的模型。在异速增长模型扩展建立标度模型中，本书不仅研究环鄱阳湖区城市土地－人口异速增长模式与规律，还尝试探索城市设施－人口、道路网络－人口的异速增长模式与规律，这在模型扩展应用上具有推广性。

（3）创新的研究方法与手段。本书利用空间分析、系统分析、均衡分析、模拟分析等多学科集成的方法，利用多源融合的数据，采用地理学中的空间分析技术和管理学中的系统评价方法，系统建立了湖域城市群空间网络结构绩效分析模型和评价模型，在学科交叉和数据采集上有特色。

（4）代表性的案例分析。本书选取中国鄱阳湖和美国密歇根湖为案例，通过比较研究其城市群空间网络绩效及优化问题，为合理规划与配置环鄱阳湖城市群、建设生态经济区提供科学决策依据。

二　创新之处

（1）建立水环境约束下的湖域地区城市异速增长的分析框架和方法论体系。基于新经济地理学视角和城市体系演化理论将城市异速增长问题置于水环境约束这个独特背景下，提出湖域地区城市异速增长的分析框架和方法论体系，为城市体系空间结构的理论和方法研究提供新菜单。

（2）构建水环境约束下的城市竞争模型和城市体系多重动态均衡竞争模型。基于新经济地理学的研究范式和方法，本书不仅引入空间距离函数建立 Dendrinos-Sonis（DS）社会空间动力学模型揭示了水环境约束下的环鄱阳湖区城市异速增长竞争机制，而且引入了密度函数，通过扩展城市增长模型建立城市体系多重动态均衡竞争模型，这在城市体系空间结构的模型扩展研究上具有创新性。

（3）构建水环境约束下的环鄱阳湖区城市异速增长情景模拟集成模型。本书利用元胞自动机（CA）、Markov 模型（MC）和 Logistic 回归模型构建 CML 模型，建立情景模拟集成模型，对水环境约束下的环鄱阳湖区城市异速增长情景进行了模拟，在情景模拟方法应用上具有集成性和创新性。

（4）基于 DEA-Malmquist 方法，本书将水环境胁迫因素纳入城市群空间绩效的评价模型中，构建其空间网络绩效绿色指数，这在 DEA 开拓性应用方面具有创新性。

第二章 理论基础与文献综述

第一节 理论基础

一 区域发展的地理本性

影响区域发展的地理元素具有三大本性。Krugman（1991）提出了第一本性（First Nature）和第二本性（Second Nature），即自然禀赋条件、交通与集聚等。第一本性可归结为排除人类活动干扰因素的区域内在特征（Wim Naudé，2009），如海拔、水资源、地表崎岖度等，是第一产业革命（农业革命）凸显主导作用的地理要素。当人们逐渐从农业社会转到工业社会后，交通建设和基础设施环境等逐渐完善，第二本性对区域经济发展的作用开始显现，在这一阶段中，产业的分布开始从空间分散转向空间集聚，空间距离成本开始下降，区域开始出现中心腹地结构（夏海斌等，2012）。

自产业革命发展以来，持续存在的差异不断产生和再产生，似乎与传统的新古典"趋同"理论不符合。持续的创新、地理上的不均衡发展，已经成为需要解释的常态（Barro，1995）。对此，刘清春等（2009）提出了在两个本性之外还存在第三本性（Third Nature），即人力资本要素和信息流动性，它的出现是知识经济和信息化的表现。夏海斌等（2012）在考察中国大陆地理结构的进化史时明确提出，中国的地理结构是在三次本性的驱动下发展的：在第一本性和第二本性的综合作用下，区域发展开始存在分异，出现要素向沿海区域聚集的现象；在第三本性的作用下，区域格局又出现新的变化，带来了新的聚集，以省会为枢纽带动周边地区发展的模式具有代表性。

因此，区域发展的三大地理本性是解释区域经济发展的重要理论基础，也是本书的理论基石。

二 水环境约束理论与湖泊效应

水是制约和影响经济社会发展的重要自然要素，水资源包括水资源质量和数量两个方面。水资源质量是水体的物理（如色度、浊度、气味等）、化学（无机物和有机物的含量）和生物（细菌、微生物、浮游生物、底栖生物）的特性及其组成的状况变化；水资源数量是指在一定的范围内，江、河、湖泊、水库内存水的总量或单纯用水量的变化。水环境约束，表征着水环境的构成、使用功能及相关自然人文因素对区域开发的限制性影响，是指在一定的水质水量目标下，基于水体自净和环境纳污能力的维护而形成对区域开发的排污行为的限制（陈雯等，2008）。水环境约束理论广泛应用在农业发展（秦腾等，2017）、产业结构布局与优化（杨清可等，2016；李春林等，2012）、区域适度人口（付正辉等，2018）等领域，其中水环境约束分区法是这类研究的主要分析方法。水环境约束分区的关键在于水环境评价单元的确定、评价指标的选择和管制要求的确定（陈雯等，2008），主要考虑水环境容量和压力两个方面。水环境容量反映流域水体的纳污能力，水环境容量越大，纳污能力相对越强。水环境压力来自人类活动对水环境的胁迫作用，主要表现在人口密度、土地利用方式、产业园区布局和企业污染排放等方面，水环境压力越大，越要控制人类活动强度，调整产业布局方式（孙伟，2011）。

湖泊效应也是水资源约束理论的重要方面。从自然地理学的角度和区域经济的角度看，湖泊不仅对周围区域的温度、降水等气候要素和地表环境产生影响，而且影响周围城市经济的空间分布及城市体系结构。从作用方式和范围看，湖泊对周围城市的影响与城市对其周围区域经济社会发展的促进和推进城市化及区域协调发展等方面存在一些相似之处。

本书借助城市空间结构理论模型来分析湖泊对周围城市的影响。在城市空间结构理论领域研究中，Alonso（1964）提出了城市土地使用空间分布模型的地租竞价曲线，将湖泊代替城市的位置，且根据湖泊自身的特性和水环境影响周围城市增长变化的机制，本书在理想状态下构建了湖泊影响周围城市经济的直观图（见图2-1）。

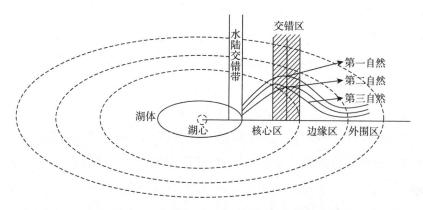

图2-1 湖泊影响周围城市经济的情况

三 城市规模等级理论

城市体系是一个国家或一个地区各种规模、各种类型城市的空间分布结构的有机整体（钟业喜等，2011），而区域内部中心城市规模等级体系的划分是城市体系研究的基础，也是城市体系规划的实践运用（雷菁等，2006）。划分城市规模等级的方法有很多，如城市首位定律、城市金字塔、二倍数定律、城市位序-规模法则、城市规模等级钟等。其中城市位序-规模法则是城市规模等级理论中最常用的分析方法，城市位序-规模法则又称齐夫法则，是一个城市的规模和国家内所有城市按人口规模排序中的位序的关系所存在的规律，也可应用在区域的研究中。大量实证研究证明，城市规模分布的齐夫法则作为一般规律是客观存在的（王振坡等，2015）。城市规模等级是城市综合实力的反映，常见的影响城市规模等级的因素有人口规模、行政等级、城市功能和交通因素等。

四 城市异速增长理论

异速增长法则最早源于生物学，它被用来形容一个器官的相对增长与另一个器官的相对增长会成比例的生长现象，这一理论如今被广泛应用在非生物学领域（Nordbeck，1971；Lee，1989）。1958 年 Beckmann 创造性地把异速增长引入了城市地理学，提出了基于城市系统的异速增长方程（Beckmann，1958）。在此之后，城市异速增长分析作为一种测度相对增长关系的方法在城市化研究中被广泛使用。由于影响城市增长的因素是随着经济环境的状态变化而变化的，这会导致城市增长的路径出现一系列的增长扩张或收缩的变结构特征，这一过程我们称为城市异速增长（张思彤等，2010）。目前，异速生长已经成为研究城市和城市群发展、空间结构及自身发展过程的重要规律，它往往被用来表示一个城市与另一个城市或城市群之间的相对生长速度，或者城市内部的一个指标相对另一个指标的相对增长速度，比如城区面积和人口的关系。

第二节 文献综述

一 关于城市群规模结构演变的综述

（一）国外文献综述

城市体系规模结构的重要性及其普遍隐含的规律性决定了其在城

市地理学研究中的价值（Gabaix and Ioannides, 2004）。自 Auerbach (1913)、Jefferson (1939)、Zipf (1949) 等开始研究以来，国外学者分别从经济、地理、社会、统计等领域的不同角度来探讨城市等级规模的实际分布规律，并提出了许多模式，其中从分形几何学的角度来研究城市体系规模分布的简化模式成为城市复杂性理论和实践研究的方向之一。Mandelbrot (1965, 1982) 是较早直接运用分形理论来研究城市位序 - 规模法则（Rank-size Rule）的分维数性质的开创者。20世纪90年代，Batty 和 Longley (1994) 及 Frankhauser (1998) 较为系统地探索了分形理论在城市规模分布中的理论与实践效果，White 和 Engelen (1994) 及 Dendrinos (1996) 还从混沌动力学的角度研究城市体系规模结构的演变问题，其成果也与分形有一定关系。当前城市体系结构规模演变研究的分形模型得到了推广与应用，如 Batty 等 (2008) 将齐夫法则用到了大伦敦建筑面积的规模分维检验上；Murcio 和 Rodríguez-Romo (2011) 应用修改的 Vicsek-Szalay 模型模拟了墨西哥都市区的城市规模分布的齐夫法则。

　　国外学者分别从时间和空间上验证城市规模分布是否服从齐夫法则（Zipf's Law），以及对改进检验齐夫分布的方法进行实证。然而，从经验数据出发，很多研究对城市位序 - 规模法则的检验所得出的结论不尽相同。有部分研究认为现实的城市体系符合齐夫法则，早期的经典工作，如 Eaton 和 Eckstein (1997) 利用 1876 ~ 1990 年法国的数据和 1925 ~ 1985 年日本的数据进行了检验，发现法国和日本的城市相对规模几乎未发生变化，与齐夫法则吻合；Krugman (1996) 以及 Fujita 等 (1999) 的研究发现美国城市人口规模对数对城市位序对数的回归系数等于 1，并且随着时间的变化这一回归系数并不发生变化，验证了齐夫法则的正确性；Gabaix (1999a, 1999b) 也认为美国的城市体系遵循齐夫法则；Gabaix 和 Ioannides (2004) 同样验证了齐夫法则的正确性。近期如 Córdoba (2008)、Garmestani 等 (2008)、Eeckhout（2009）、Berry 和 Okulicz-Kozaryn（2012）对美国城市或者都市区规模体系的再检验工作，都支持或者部分支持了城市规模结构的幂指数分布规律。与此同时，也有很多研究结论表明城市体系齐夫法则的不适用性。早期的经典研究如 Rosen 和 Resnick（1980）发现美国、日本、法国的城市体系的集中程度要比齐夫法则的预期小，即城市人口规模对数对城市位序对数的回归系数要小于 1；Carroll（1982）对美国数据的分析也同样表明在美国城市体系发展的各个阶段，齐夫法则并不总是成立；Black 和 Henderson（2003）发现美国城市位序对数对城市人口规模对数的回归系数明显大于 1，并且这一回归系数随着时间增长不断增大；Ioannides 和 Dobkins（1998）研究发现 1900～1990 年美国城市集中度不断上升，即大城市的相对规模有所提高，与齐夫法则不符；Brakman 等（2001）利用荷兰 300 年间的数据分析表明，1600 年荷兰城市人口规模对数对城市位序对数的回归系数明显小于 1，而 1900 年这一系数要超过 1，到 1990 年这一系数又小于 1，这反映了工业化不同阶段城市集中程度的差异；Anderson 和 Ge（2005）利用中国 1949～1999 年的数据，对我国城市规模分布演变进行了比较研究，结果发现我国城市规模结构在改革开放之前是固定不变的（符合幂指数规律），但是在改革开放以后呈现收敛的增长模式。近期如 Bosker 等（2008）对德国城市规模分布的检验和 Holmes 等（2010）对美国城市规模分布的检验，都不支持城市规模结构的幂指数分布规律。改进估计方法对城市规模分布进行比较研究也成为城市体系规模结构研究的一个趋势。如 Gabaix 和 Ioannides（2004）认为，由于普通最小二乘法（OLS）得到的估计量是有偏的，OLS 估计的方差在总体上被低估了，这导致结论与齐夫分布不符，应该使用 Hill 估计方法估算参数值；Soo（2005）使用 73 个国家的城市人口数据，分别运用 OLS 估计和 Hill 估计两种方法验证了城市齐夫规则是否正确，结果发现采用 Hill 估计法的准确性明显优于最小二乘法；Giesen 等（2010）

分别使用简单的对数正态分布和双帕累托分布检验了德国、美国、法国、捷克、匈牙利和瑞士等国家不同时期的城市规模结构分布，结果发现双帕累托分布检验更优；Malevergne 等（2011）则提出了一种一致性最优无偏估计方法，并且对美国城市规模结构分布进行了再检验。

国外学者对城市规模分布的幂指数形成原因与机制更为关注，分别从随机分布的 Gibrat 法则验证、空间相互作用、人力资本和创新周期等角度对齐夫法则进行理论与经验解释，不过更多研究依然集中在对 Gibrat 法则的应用上。早期经典研究如 Gabaix（1999a，1999b）认为齐夫法则之所以能够成立，是因为城市增长的过程遵循 Gibrat 法则；Krugman（1996）则认为空间上相互联系是城市规模与位序之间相对稳定的原因；Eaton 和 Eckstein（1997）则从人力资本的角度建立了城市增长模型，研究结论显示城市化过程中大城市和小城市以相同的速度增长，因此城市的相对规模并不变化，这与齐夫法则的预期一致；Black 和 Henderson（1999）建立了一个类似的城市增长模型，该模型的结论同样是城市的相对规模会维持稳定。与此同时，也有部分研究解释齐夫法则在现实当中为什么会不成立，如 Ioannides 和 Dobkins（1998）从人力资本的角度建立了城市增长模型，但模型的结论与 Eaton 和 Eckstein（1997）以及 Black 和 Henderson（1999）的结论相反，该模型认为随着城市化进程的推进，城市集中度不断提高，即大型城市的相对规模不断增大，这与齐夫法则并不相符；Brakman 等（2001）则利用新经济地理学模型，同时考察了拥挤效应，并根据经济不同发展阶段集聚效应和拥挤效应作用力的程度，解释了荷兰工业化进程中城市位序－规模法则的演化过程。还有研究如 Eeckhout（2004）对美国城市的规模进行了实证研究，他发现美国城市规模分布对数为正态分布，而非帕累托分布，并且城市规模成比例性增长，他从地方外部性角度解释了这种现象；Duraton（2006，2007）认为一些经济机制同样可以重复测度城市的规模演变模式，但现在紧要工作不再是只对城市规模分布状态分析，而应该是转向这种城市生长机制研究；Rossi-Hansberg 和 Wright（2007）则建立了城市增长模型，考虑到城市内源性增长过程中的集聚与拥挤成本之间的变化，从规模报酬不变假设论证了城市规模分布的幂指数定量；Córdoba（2008）试图建立一个标准的城市本地化经济增长模型，指出城市规模分布为帕累托分布的假设之一就是模型必须是一个平衡的增长路径，并同时符合替代等弹性、外部平等和技术帕累托三个条件。

（二）国内文献综述

20 世纪 80 年代中后期，我国的城市体系等级规模研究逐渐开展，严重敏（1989）、许学强（1982）和顾朝林（1990，1992）先后用全国城市的详细人口资料，进行了位序 - 规模法则的检验；周一星等（1986）对中国城市规模等级结构及各省份二城市指数、四城市指数、十一城市指数进行了计算；王放（2000）计算出 1984～1995 年中国城市体系的首位度、四城市指数和十一城市指数。随后对于国家级、跨省级等级规模体系结构的研究逐渐增多，早期经典研究如周军（1995）、顾朝林等（1998）、张莉（2001）、杨国安等（2004）、代合治等（2004）对我国城市体系的演化进行了分析（刘振灵，2011）。在城市体系等级规模结构研究的基础理论方面，刘继生等（1998）、陈彦光等（2004）的研究奠定了城市体系等级结构优化的理论基础；陈勇等（1993）也从不同的角度做了一些理论探讨；谈明洪等（2004）对齐夫法则及城市规模分维数的关系进行了讨论，认为二者的乘积不等于 1，而应等于判定系数。在实证分析方面，众多的学者先后研究了中国整体、东北、长春、豫北、西北、苏北、陇东以及大多数省份城市体系的位序 - 规模分布及其分形特征。还有典型的研究如李立勋等（2007）运用位序 - 规模法则分析了城市人口规模变化规律，同时运用分形理论阐释了珠三角的位序规模曲线及其特征，结果表明 20 世纪 80 年代以来城市人口规模已从首位分布向位序 – 规模分布转变，次级城市发育快于首位城市，人口空间分布由集中趋于分散。陈良文等（2007）对新中国成立以来特别是改革开放以来城市体系的演化过程进行了实证分析，发现 1949 年以来我国城市数量和城市平均规模都处于明显的上升过程，而改革开放以来我国城市首位度以及城市规模对数对城市位序对数的回归系数总体上趋于降低，说明我国城市体系并不符合齐夫法则。高鸿鹰等（2007）用 OLS 方法测算我国各省份、三大区域以及全国的城市人口规模分布和经济规模分布 Pareto 指数，对 Pareto 指数进行跨区域和跨时间的对比分析，并实证分析了我国城市规模分布的影响因素，其分析表明我国的城市规模分布显著服从 Pareto 分布，并具有明显的结构性特征。省级层面，班茂盛等（2004）对浙江省、喻定权等（2006）对湖南省、邢海虹等（2007）对陕西省、那伟等（2007）对吉林省、黄晓峰等（2007）对福建省、王秀芬等（2009）对山东省、谭建华等（2010）对四川省、吕祯婷等（2008）对安徽省、段七零（2011）以及孙在宏等（2011）对江苏省等做了大量的经验检验工作，这些极为丰富了我国城市体系规模分布的经验研究成果。

　　我国正处于快速的城市化过程中，城市群的城市规模结构变化幅度较大，对我国城市群城市规模结构演化过程进行实证分析可为当前的研究提供一个重要的视角。依据城市位序 – 规模分布定律和分形理论，国内学者对我国已经形成的城市群规模结构演变进行了研究。典型研究如张虹鸥等（2006）通过对珠江三角洲城市群 20 年来首位度、回归斜率、城市规模基尼指数等多项指标的变化以及城市规模成长空间特征的分析，初步揭示了城市群城市规模成长的基本规律。张豫芳等（2008）研究了天山北坡城市群时空演变特征，发现该城市群具有分形特征。汤放华等（2008）在研究长株潭城市群等级规模结构时，也证明了该规则适用于长株潭城市群。吕金嵘等（2008）使用首位律、基尼系数及位序-规模分布定律的方法对中原城市群1986年、1993年、2000年和2004年4个时间段的城市体系规模级别进行了分析处理，结果显示中原城市群的城市首位度不够，离散化程度日益明显，城市规模结构达不到位序-规模分布的理想状态，但有逐渐改善的趋势。潘鑫等（2008）利用长江三角洲都市连绵区7个年份的城市人口规模数据，分别从城市规模等级结构、首位度、城市规模分形以及城市规模的空间演化等层面对城市规模结构的演变进行了分析，初步揭示了长江三角洲都市连绵区规模结构的分布特征和演变规律。王厚军等（2009）对辽中城市群城镇体系等级规模结构的研究比较详细，他从城市首位度、分形、城市重心转移等角度研究了这一地区的结构特征，尤其是对城市人口转移的研究，结合运用GIS技术，分析了城市群的变化情况，研究侧重于城市规模变化的考察，较为全面地分析了该城市群的规模结构。苏飞等（2010）运用城市规模分布的基尼系数和分形等理论与方法对改革开放以来辽中南城市群城市规模分布的现状及演变特征进行了分析，结果表明2007年辽中南城市群城市等级规模结构呈位序-规模分布，而改革开放以来辽中南城市群城市规模分布发生显著变化，城市规模结构由首位分布向位序-规模分布转变，城市规模分布的分维数不断增加，城市规模差异逐渐减小，不断向均衡方向发展。刘效龙等（2011）综合运用分形、马尔科夫转移矩阵、等级钟和空间自相关等方法对中原城市群城市规模等级的时空演变进行了分析，结论发现该城市规模等级分布趋于"扁平化"，即中等规模城市数量增长缓慢，城市个体位序的变化相对较小，城市规模发展具有较强的路径依赖和连续性。刘振灵（2011）选择我国典型的资源基础型城市群——辽宁中部城市群，以城镇规模分布研究中的分形理论为基础，讨论了城镇规模和经济规模的演变过程和特征，将Gibrat法则引入了城镇体系规模变化的研究中。同时，随着对城市体系和城市群规模结构位序 – 规模分布和分形实证研究的普遍开展，采用经济指标或者其他变量替代城市人口规模指标逐渐被关注，典型研究如李震等（2010）基于规模分布的观点，对 1990～2006 年市辖区 GDP 排序前 200 位的中国地级以上城市进行分析，研究发现中国城市体系的等级性仍有逐年加强的趋势，但这不同于当代发达国家的城市等级扁平化的趋势，而这种加强的趋势有减弱的势头。周彬学等（2012）利用区域城市体系经济规模等级分形理论，选取长江三角洲 1995～2009 年 4 个年份的县级以上行政单位经济发展数据，计算了经济规模等级分形维数，研究发现该地区城市体系经济规模等级分布的中心城市垄断性仍然较强，但其均匀化趋势明显。

与国外研究进展相比，我国在这个方面的创新研究显得相对薄弱。尤其值得注意的是，尽管国内学者对城市体系规模位序 – 规模分布演变的城市生长原因及机制研究逐渐给予了重点关注（陈良文等，2007；高鸿鹰等，2007；蒲英霞等，2009；李震等，2010；刘乃全等，2011），但无论其理论基础、方法论还是实证检验方法都有所欠缺，还缺少系统的分析与讨论。

（三）文献评述

国外学者对城市体系规模结构演变研究主要集中在对城市规模分布的齐夫法则的经验检验、幂指数分布原因的理论与实证解释、城市规模分布的分形论证三个方面，尤其对齐夫法则的经验检验以及对其实证解释进行了充分关注。现有研究尽管对位序 – 规模法则依然没有形成共论，但其更多地注重对方法论的创新运用、样本甄别和学科交叉，而且对规模分布的原因与机制有了一定分析。可见，加强对理论内涵的阐释和采用创新性的新方法来探讨城市体系规模结构演变的城市生长原因与机制将是该领域一个有前景的研究方向。

国内学者对城市体系规模结构演变研究主要集中在对城市规模分

布的分形理论论证以及是否服从位序 – 规模分布的分形经验检验两个
方面，而对城市体系规模结构为什么呈现幂指数分布规律的理论与实
证检验研究则相对较少。

二 关于城市异速增长的综述

(一) 国外文献综述

国外学者采用异速增长模型着重对城市增长复杂性进行空间模拟
和模型扩张应用，其研究内容从城市体系的城市用地 – 人口研究扩张
到城市设施、路网和其他方面，并且较早关注了资源环境的约束机制
和经济学动态分析。国外早期注重对异速增长模型在城市体系和城市
增长研究中的引进、检验和讨论 (Beckmann and Martin，1958；Nord-
beck，1971；Carrol，1982；Lee，1989；Batty，1991；Pumain et al.，
1997)，后来过渡到对城市增长复杂性的空间模拟和模型扩张应用上
(Batty，2008)。随着复杂性科学的发展，利用异速增长来研究城市复
杂性并模拟城市空间扩展过程成为研究的前沿 (Batty et al.，2007；
Benguigui et al.，2007；Batty et al.，2008；Pumain et al.，2009)，典
型的如 Batty 等 (2008) 以世界城市建筑物高度和尺寸异速增长关系
为依据，分析并模拟了大伦敦城市 360 万座建筑物异速增长的情景。
通过扩展经典异速增长模型，引入其他变量来研究城市标度增长也成
为研究趋势 (Bessey，2002；Isalgue et al.，2007；Semboloni，2008；
Bettencourt et al.，2008；Barthélemy et al.，2009；Uma et al.，2009)。
如 Bettencourt 等 (2008) 构造一个多指标体系来表征城市规模及其他
变化，以美国、欧洲和中国城市为样本，利用扩展异速方程分析这些
指标的异速增长标度关系，研究显示在城市体系内存在一个普遍社会
动态演变规律，不过对不同规模类别和发展周期阶段城市而言，其异
速增长规律存在差异。Uma 等 (2009) 利用城市人口与设施密度之间

异速增长的幂尺度关系，提出以该经济竞争机制为基础的模拟模型，对美国设施的利润和人口的社会机会成本之间的关系进行分析，研究表明商业设施的异速增长系数为 -1，而公共设施的异速增长系数则为 -2/3。Barthélemy 等（2009）利用人口密度和公路网的异速尺度关系，分析了城市道路网络随人口密度如何演变的特征与规律，并推演了运输和租金成本在城市核心区形成的价值和意义。此外，关于资源环境约束如何对城市异速增长产生影响以及城市异速增长的经济学动态解释也开始得到关注（Krugman，1996；Gallup et al.，1998；Dasgupta et al.，2003；Chen et al.，2004；Fujita et al.，2004；Bettencourt et al.，2008），如 Dasgupta 等（2003）分析了生态经济研究中非凸性假设的意义，并从经济学角度论证了环境污染约束对经济增长中自相似性和幂规律的影响。

（二）国内文献综述

国内学者尝试性地采用异速增长模型对地区城市体系、城市用地 - 人口、城乡人口关系进行了研究（李郇等，2009），其成果多集中在城市复杂性理论演绎、模型扩展和实证应用研究等方面，并且有关资源环境影响城市异速增长的问题也开始受到关注。国内早期研究主要集中在对异速增长法则的引进以及对国家层面城市异速增长规律的检验上，其目的是试图解决城市人口增长与用地增长之间的这种不协调的问题（石元安，1996；梁进社等，2002）。如梁进社等（2002）从以人口表示的城市位序 - 规模法则和以建成区面积表示的位序 - 规模法则出发演绎出城市的用地规模和人口数量呈异速增长关系，通过这个关系建立了城市建成区面积与市域人口和经济发展水平的数学模式，并利用我国部分城市的经验研究证明了这两个经验关系。随着分形理论和技术的引进，一些从事城市复杂性研究的学者在城市异速增长模型的理论推导、模型扩展和案例应用方面做了大量卓有成效的工作（刘继生等，2004；陈彦光等，2004；余斌，1997；姜世国，2004）。如刘继生等（2005）基于不同的城市定义标准，对山东省城市体系的城市人口和城区面积进行分析，研究发现山东城市人口－城区面积异速生长关系的状态不是很好，并借助数学模型变换揭示了其结构退化的实质所在。陈彦光（2008）不仅对城市体系异速生长方程进行了理论推导、基于城市体系（总量）的动态相似性规律建立了城镇化水平预测模型、扩展了城市异速生长的 Cobb-Douglas 函数，还利用分形理论对其数学联系和物理本质进行了系统研究。目前，城市异速增长的实证应用研究也得到重视（常静等，2004；匡文慧等，2005；杜国明等，2007；陈溶萍等，2008；李郇等，2009）。如李郇等（2009）采用1990年、2000年和2005年中国城市建成区和人口普查的城镇人口数据，分析了中国城市用地与城镇人口之间的异速增长关系，并对标度因子的标准值进行了充分讨论。张江等从国家层面系统地研究了宏观经济变量和地理尺度变量之间的异速增长关系，实证发现273个国家各个变量之间的关系存在不同的异速增长规律。然而，城市体系是发育在地形、水系等分形支体上的多重分形，其空间结构与自然环境理当相关，不同的自然环境约束背景可能导致不同城市异速增长模式和规律（余斌，1997），已有学者基于分形分析提出并验证了水环境（水系）对城市体系异速增长（分维）的影响（刘继生等，2003；陈彦光，2008；刘耀彬，2011），然而该问题没有进一步研究。

（三）文献评述

国外学者利用异速增长模型在城市模拟和模型扩展应用方面做了大量的开创性研究工作，而国内学者在城市异速增长理论推导和模型演绎方面做出了独特贡献。在实际应用方面，采用异速增长模型来模拟城市空间演化或者基于异速增长标度不变定律来研究城市增长的其他方面成为一个新趋势；在理论研究方面，基于分形理论来研究城市异速增长规律或者采用新经济地理学的思想来探究城市异速增长条件和机制成为一个明显的趋势。结合资源环境约束背景来研究特殊区域内的城市异速增长问题成为城市体系研究的一个新方向。

三　关于城市群空间网络效率的综述

（一）国外文献综述

城市群空间网络结构是研究一个国家或区域城市群内部的点（城市与城市）、线（城市与联系通道）、面（城市与区域，吸引范围）三要素之间的组合关系，即形成以大城市为中心，在其周围分布着一些具有次中心功能的中等城市。这些城市通过合理分工，优势互补，组成网络式空间开发模式，并带动各自经济腹地的发展（王丽明等，2005）。这方面最早的研究是德国经济学家克里斯塔勒（Christaller Walte）的中心地理论，他把城镇作为零售中心和服务中心，来探讨城镇体系的聚落规模、职能和分布的规律性（周一星，1995）。随后，杰弗逊（Jefferson）和齐夫（Zipf）对城镇群体的规模分布进行了理论探讨和研究；而美国芝加哥大学的帕克（E. Park）和沃尔思（L. Winh）等学者则借助生态学方法，从社会学角度研究城市空间结构，形成了有名的"芝加哥城市生态学派"。第二次世界大战后，随着大都市带理论被发达国家的社会经济发展以及不断涌现的城市群现象所证实，涉及城市群城镇体系空间布局的理论纷纷出现，城市群空间结构研究迎来兴盛阶段（姚士谋等，2006）。1945～1955 年美国经济学家维宁（R. Vining）从经济学角度研究了城镇体系对城市发展的意义，从理论上论证了城镇体系的合理性。1950 年邓肯（O. Duncan）在其著作《大都市和区域》中正式提出了"城市体系"的概念。法国佩鲁（F. Perroux）的"增长极理论"和"点轴发展理论"对城市群研究做出了巨大贡献。美国学者乌尔曼（Ullman）提出的空间相互作用理论在城市群内外空间相互作用机制研究方面影响深远。瑞典学者哈格斯特朗（Herstrand Torsten）提出了现代空间扩散理论，揭示了空间扩散的多种形式，加深了对城市群空间演化的研究。20 世纪 90 年代后，各国学者又不断加入了经济、社会、文化、信息、制度等研究因素，从不同的角度进行了研究分析，研究理论不断丰富和完善。如弗里德曼（Friedmann）、萨森（Sassen）等进一步提出了世界城市体系的假说，范吉提斯（Pyrgiotis）、昆曼与魏格纳（Kunzmann and Wegener）从全球经济一体化、信息技术网络化、跨国公司等级体系化等视角对城镇体系进行了研究（顾朝林等，2008）。加拿大学者麦吉（McGee）在对东南亚发展中国家城市密集区进行研究的基础上提出了"城乡融合区"（Desakota）的概念。随着城市群研究的兴盛发展，其研究内容出现了多元化，学者们主要从城市群内部空间结构（富田和晓，1995）、城市交通网络与网络城市（Mun，1997；Kobayashi et al.，1997；Meijers et al.，2005）、城市空间流与地域系统（Bunnell et al.，2002）以及城市空间通达性（Li et al.，2001；Jorg et al.，2003；Bertaud，2004）等方面对城市体系的发展进行了各项研究。

在城市群空间网络结构研究中值得注意的是 Henderson 和 Hillier 等的开创性工作。Henderson 等（1987）从经济地理学角度研究指出，城市化是通过产生新城市的途径实现的，城市增长速度与其规模呈负相关关系，新城市的发展最终收敛于一个适度规模而形成新的城市体系。1999 年，Black 和 Henderson 研究了城市化如何影响城市经济增长效率和经济增长如何影响城市模式这两大命题，断定了多中心网络城市体系的出现，并认为城市制度能够通过内在化地方知识溢出效应而促进城市体系的有效增长。而 Hillier 和 Hanson（1984）提出了空间句法理论和相关的计算机模型，把纯粹的城市空间形态网络和社会生活动态关联起来，认为城市空间形态网络不仅是城市社会活动的背景，而且是影响和决定城市社会生活的根本因素。1996 年 Hillier 又明确了"组构"（Configuration）在空间句法理论中的中心地位，组构的思维方式也就是在一个系统网络中考虑一组关联的同时还要考虑与之相关联的所有其他关联；强调要把握城市整体的空间形态网络组构对局部的影响和它们在不同尺度上的动态联系，而不是仅仅局限于城市局部本身的静态空间形态；详细解释了城市建筑物的聚集和内在的数学法则能够形成城市空间形态网络，其中的组构能够反映并决定人车流模式，从而影响土地使用的模式，最终将会影响社会构成和活动；而这些社会构成和活动会反过来影响和决定城市建筑物聚集过程和城市空间形态网络的演变，这是一个动态的过程。接着 Hillier（1999）通过对城市中心形成机制的定量研究，明确提出了动态的城市空间形态的组构决定了城市空间网络不同的社会吸引力。21 世纪以后，Hillier（2005）又进一步明确了城市形态作为突现的网络（Network Emergence）和网络个体（Network Agency）作用和被作用于社会活动。

与此同时，从区域与创新管理的角度，城市群内部空间管理绩效和城市经营绩效评价成为城市管理研究的重要内容（Poter，1998）。William 和 Leonard（2006）认为城市群内部城市经营管理的过程就是一个资源整合的过程，必须有效分析城市经济社会发展与城市权力运行的关系。Churchill（2007）认为城市群内部城市经营理念的更新、城市系统的有效管理以及市民的参与等都是城市经营管理非常重要的方面，而且会相互影响。Rakodi（2004）认为城市经营是干预城市发展的一种方式，并有效地管理城市系统的运行，运用市场化的手段鼓励城市经济活动的开展，满足市民对城市生活的各种要求。在城市经营绩效评价方面，Richardson（2008）给出了评价城市群内部城市经营的三个方面：一是城市管理的效率，即城市经营的主体要实施有效的城市经营战略，从而使城市的发展向正确的方面前进；二是城市管理的有效性，即城市经营运作过程中的各种措施要满足市民对于城市生活的需要；三是城市管理的效率和城市管理的有效性要有良好的衔接。

（二）国内文献综述

城市群空间网络是复合系统，并随着社会和经济的发展不断地变化。因此，城市群空间网络为学术研究提供了很多主题，在相关研究中有多种学派或领域。在国内，20世纪90年代开始，城市群区域空间模式出现以空间网络组织为代表的发展形式。然而至今，对这一问题的深入系统研究不多。

城市群空间网络结构研究从定性描述为主转向定量分析为主。在定量描述方面，韦亚平等（2006）基于城市空间多中心发展的经济解释，提出了形成"多中心"空间网络结构的必要条件。而姚士谋等（2006）认为，城市群区域内的网络化是城乡之间多种物质的动态流的最高表现形式，也是城市群形成发展过程中理想的城市化模式。王珺等（2008）和何韶瑶等（2009）基于网络城市理论，分别以武汉城市圈的空间格局和长株潭城市群为例，认为网络结构可以加强城市间的协作和提升城市群整体竞争力。费潇（2010）通过对环杭州湾地区空间网络化发展特征的分析，进一步清晰了网络化地区空间发展特征，分析了网络化地区各节点间相互关系变化的过程，对环杭州湾地区的网络化格局加以优化。在定量研究方面，陈彦光等（2004）借助网络结构与等级体系的数理转换关系，成功地实现了城市网络的数学抽象与模型构建，初步形成了关于城市群空间网络系统的新解释体系。吴威等（2006）利用铁路、公路和航空指标数据，对城市群空间网络结构的可达性进行了评价。陈明星等（2005）则指出传统GIS空间分析功能在城市交通网络研究中不足，认为空间句法理论可以有效地定量研究城市交通网络以及空间形态。

城市交通网络结构成为城市群空间网络结构的研究热点，不过这个趋势正向其他更广泛的领域转换。在城市群交通网络结构方面，戴特奇等（2005）以城际铁路客流为例，运用了重力模型、位序－规模模型和首位度定量对城市交通网络进行了研究。宗跃光等（2009）以复杂网络理论和 B－A 模型为基础，统计和分层解析了南京主城区复合交通网络特征，指出城市复合交通网络中的随机网络和无尺度网络可以优势互补。王姣娥等（2009）基于复杂网络理论，借助度分布、平均路径长度、簇系数、度度相关性、簇度相关性等指标对以城市为节点的中国航空网络空间结构进行了分析，为交通网络通达性研究提出新视角。在城市群空间网络结构研究其他方面，王云才等（2009）对城市景观生态网络空间模式和生态功能网络通达性进行了研究，认为需从强化生态功能网络结构入手从而优化城市景观生态。杨俊等（2008）则利用因果网络模型 DPSRC 模型和 GIS 方法对城市生态系统进行研究，提出了一种新的生态安全评价模型。此外，还有学者尝试将城市网络研究推广到城市文化遗产研究上，如王思思等（2010）基于 GIS 空间分析技术和最小累积阻力模型，构建遗产廊道网络对遗产资源进行高效保护，并提高遗产的空间可达性。

与国外研究类似，国内已开始重视城市群空间网络管理，不过其研究集中在城市体系管理和经营绩效评价方面，并且定性研究居多、定量较少。从城市管理与管理绩效来说，杨东奇等（2006）运用数据包络分析技术建立了城市管理绩效模型，从城市环境、城市管理职能和城市发展等三个方面建立了城市管理绩效的评价指标体系。王慎敏（2007）指出了近年来我国在城市建设发展中的一些弊端，提出了循环型城市建设绩效评价的思想，他们引入了"建设循环度"和"发展协调度"两个特征向量，对珠三角城市群的不同城市进行了城市建设绩效的评价。从城市体系经营绩效来说，毛小静（2004）运用因子分析方法研究了城市经营的绩效评价问题，认为政府可以通过绩效评价全面掌握城市系统运行的动态，掌握其发展的方向。

（三） 文献评述

总结国外有关城市空间网络的研究成果具有以下特点：①主要从城市经济空间结构角度对城市群内部城市空间结构进行研究探讨，并在该方面积累了大量的理论和经验；②城市群空间网络结构演化规律与机制的理论总结研究多，实证研究少；③有关城市体系空间结构与布局研究多，而城市群空间网络结构绩效评价研究少；④一般地区城市群研究多，像类似湖域这样的异质地区城市群研究少；⑤突出了句法理论的应用，并成为未来研究的一个趋势；⑥城市经营管理绩效和城市经营绩效评价成为城市群空间网络结构绩效研究的重要内容。

总结国内文献可以发现：①城市群空间网络研究领域在不断拓展，但对其网络结构绩效研究尚少，以至于不足以为城市群空间网络研究的理论和方法论提供支撑；②GIS 技术与空间分析技术成为学者们研究城市群空间网络结构的重要方法，而空间句法理论以其有效定量研究城市交通网络及空间形态成为应值得尝试应用的方法；③通过相关可达性指标对城市群空间网络绩效进行评价的研究少，且在指标的选取上不全面，未形成系统而有效的评价体系；④城市管理和经营绩效评价研究定性居多、定量研究较少，而城市群空间网络绩效管理研究基本未起步。

第三章 水环境约束下的环鄱阳湖城市群规模结构演变过程与冲击

第一节 环鄱阳湖城市群规模结构演变阶段与规律

一 城市群规模结构演变阶段

根据环鄱阳湖城市群的发展特征以及环鄱阳湖地区产业发展的特征，结合鄱阳湖生态经济区发展的需要，环鄱阳湖城市群要把生态农业、新能源、交通网络、工业企业的生态化作为战略重点，为经济发展和产业结构调整提供一个良好的基础。结合南昌市打造核心增长极的发展战略，南昌市必然成为环鄱阳湖城市群的增长核心。因此，依托南昌核心增长极的强大聚集效应和辐射力，强化南昌市中心城市的作用，完善以南昌为核心、以九江为副核心、以环鄱阳湖核心区的 14 个城市为中心城市的组团建设，并通过中心城市组团更好地带动环鄱阳湖城市群的边缘区和外围区的城市发展，从而使环鄱阳湖城市群形成有机结合的城市群整体，这就是环鄱阳湖城市群发展的主要路径。按照环鄱阳湖城市群各区域现有的经济基础、自然条件与城市发展形态，环鄱阳湖城市群在未来的一段时间将出现如下三种发展路径：第一，以南昌和九江为双核心，通过双核心对城市经济增长的驱动作用，形成环鄱阳湖城市群的核心区组团；第二，通过环鄱阳湖城市群核心区的集聚和扩散效应，进一步带动环鄱阳湖城市群边缘区的城市发展，形成高度集中型的环鄱阳湖城市群边缘城市组团；第三，依托环鄱阳湖地区的铁路、公路、水运等交通运输的纽带作用，强化环鄱阳湖城市群外围区和中心区城市组团及边缘区城市组团的联系，形成环鄱阳湖城市群的外围区发展组团，进而形成一条依托交通走廊轴线的城市组团发展模式。

环鄱阳湖城市群城市规模结构演变的生长机制是一个运演递进的上升过程，城市群规模结构演化过程可以划分为四个阶段。

（1）分散发展的单核心城市阶段。环鄱阳湖城市的分散城市间规模等级差别较小。大多数城市沿区域交通干线分布，如南昌和九江，城际之间的高速公路十分发达，通过公路运输发展了各大产业，加强了各县市民营企业的发展。少数县市也分布于远离交通沿线的地区。因此，主要城市中心的吸引范围非常有限，各县市间的功能联系仅仅限于狭窄的交通沿线地带的城市之间，远离交通沿线的其他城市间与交通沿线的主要城市间仅有微弱的功能联系。这是城市群地域结构发展的最初阶段，城市主要表现为单核心向外蔓生发展。

（2）城市组团阶段。环鄱阳湖的交通干线向与重要中心城市侧向联系的渗透干线方向发展，这对于城市群地域结构的质的转变是至关重要的。起初的侧向联系首先从重要的城市中心开始，并与远离交通干线的城市相连接。这极大地优化了南昌、九江两个中心城市和一些边远城市间的功能地域结构。随着渗透干线的延伸以及在渗透干线上较大规模的城市的建立，各城市市场区域进一步扩大，城市以内城为中心继续向外扩展，如九江和抚州，而原先的主要干线上的城市则以组团方式进行功能地域结构的组织与优化。具有干线渗透优势的城市扩散与集聚作用得到加强，其功能组织方式深刻影响远离渗透干线地区的城市。由于集聚与扩散作用过程的进行，区域交通干线上的中心城市发展成区域大都市。随着区域大都市规模的扩大以及功能的完善，与区域大都市联系密切的其他城市也得到了充分的发展，其功能地域结构的组织方式也发生了显著的变化，与南昌为中心城市联系密切的城市开始形成城市组团。

（3）城市组群扩展阶段。区域内城市间相互联系阶段通常需要相对长的时间，这取决于与渗透干线间有着密切联系的支线网络的发展。那些位于渗透干线上的主要城市继续接受较高级城市的辐射，自身又对次级城市扩散其部分功能作用，开始扮演地区中心的角色。不久，来自这些边远城市的交通支线得以建立，除了通过渗透干线间的联系外，它们之间的直接联系开始得到发展。然后，更小的城市便通过起初的干线开始发展，不久，它们也开始连接起来。这种相互联系的过程继续沿着干线和支线，与日益增加的专业化生产和城市间竞争力相对应。通过获得密切的联系以及发挥其集聚与扩散功能，各城市试图改进其正在形成的城市群交通网络中的地位。城市群区出现了几个不同地域结构功能的城市组群。以南昌为中心的周边城市形成了交通网络，上饶、鹰潭、景德镇有一定的工业基础，所以交通的网络相对发达，而良好的经济基础和较大的人口规模也让城市化的进程更快。

（4）城市群形成阶段。环鄱阳湖城市组群间综合交通走廊的发展，以及城市群等级系统的出现，是成熟的城市群的重要特征。城市群的形成与城市间的联系相关，但这种联系已经不能满足城市组群整体发展的要求，而需要在更大的空间背景上发展城市组群整体与外部的社会经济联系，实现城乡之间的经济结合，这种联系在很大程度上是城市组群功能的空间竞争的结果。各城市区域之间的共生互控效应逐步加强，各城市的分工日益明确，产业结构和产品结构的波及效应更明显，这进一步强化各城市的横向联系。这些重要的方式可以促进环鄱阳湖城市群的形成。

二 城市群规模结构演变规律

（一）城市规模分布过程分析

（1）环鄱阳湖城市指数分布过程。我国传统的城市规模级别划分以城市非农业人口为基本依据，其中设市城市共分为 4 个等级（根据《国务院关于调整城市规模划分标准的通知》进行调整）：第一级为特大城市，城市非农业人口规模为大于 100 万人（非农业人口规模大于 200 万人的为超大城市）；第二级为大城市，其人口规模为 50 万~100 万人；第三级为中等城市，其人口规模为 20 万~50 万人；第四级为小城市，其人口规模小于 20 万人。本书在研究过程中采用 42 个县市的非农业人口作为城市规模的特征量，对环鄱阳湖区的城市规模分布现状与首位度进行分析（见表 3-1 和表 3-2）。表 3-1 展示了环鄱阳湖城市按人口等级规模划分的数量分布情况，从中得知环湖城市群大城市及特大城市数量少，小城市数量占绝大比例，中间城市规模严重不足。

表 3-1　环鄱阳湖城市人口等级规模分布情况（2010 年）

城市等级	规模等级		城市数量		非农业人口		城市
	标准（万人）		总数（个）	百分比（%）	人数（万人）	百分（%）	
特大城市	>100		1	2.38	242.94	29.57	南昌市区
大城市	50~100		3	2.38	187.85	9.06	景德镇市区、九江市区、抚州市区
中等城市	20~50		4	14.29	98.9	25.84	南昌县、丰城市、高安市、乐平市
小城市	<20		34	80.95	291.83	35.52	鄱阳县、鹰潭市区、樟树市等
小计			42	100	821.52	100	

注：本书城镇名称使用研究期间的用法，下同。

合理的城市体系要求在各规模等级城市之间保持合理的金字塔结构比例关系，中间不发生断层现象，城市的职能作用能够通过城市网络依次有序地逐级扩散到整个体系，为此本书根据相关数据计算得历年城市指数。第一，2007～2010 年环湖城市群二城市指数在 3.2～3.4，四城市指数在 1.2～2，十一城市指数在 1.4～1.6，均在不同程度上高于正常值，城市规模分布呈现较弱的均衡状态。首位城市影响较大，城市化水平低，城市规模差异大，首位城市与其他县市发展水平悬殊，大量人口和产业集中于首位城市，城市发展要素在南昌的集中程度较高，大城市出现严重断层现象，九江、赣州、抚州等中等城市规模偏小，中小城市数量偏多，城市体系发展不均衡现象有所凸显。第二，从首位指数变动角度分析，2006 年以来城市首位指数呈现减小趋势，这一时期中小城市的发展速度大于大城市和特大城市，城市体系规模处于集中到分散的分布状态。环湖城市群首位城市与其他县市的差距逐渐缩小，城市规模分布趋于优化，首位城市辐射作用发挥了效果，中小城市发展速度正在加快，但由于工业不发达，城市发展缺乏工业化的强大支持，城市规模差距缩小速度缓慢。应在已完成一定资本和人才的积累后，适当削弱城市首位分布，发挥首位城市辐射作用，加快周边城市的经济发展，形成多城市齐头并进的趋势，从而合理利用资源配置，带动城市圈的共同发展。

表 3-2　历年环鄱阳湖县市城市指数

年份	二城市指数	四城市指数	十一城市指数
1985	1.92	0.99	1.19
1995	3.62	1.40	1.33
2006	3.51	1.43	1.60
2007	3.36	1.93	1.53
2008	3.36	1.36	1.51

年份	二城市指数	四城市指数	十一城市指数
2009	3.36	1.35	1.47
2010	3.26	1.29	1.44

（2）水环境约束下的环鄱阳湖城市规模分布配置演变状况。本书利用基尼模型 $[G = T/2S(n-1)$，其中 n 是城市体系中的城市总数，S 是这 n 个城市的人口总和或整个城市体系的总人口，T 是城市体系中每个城市之间人口规模之差的绝对值总和。基尼指数的取值范围在 0 到 1 之间。基尼指数越接近 0 表明城市规模越分散，越接近 1 表明城市规模越集中]，根据环湖城市群 42 县市非农业人口数据利用 Excel 统计工具对城市群基尼系数进行计算得到表 3-3。第一，历年来环鄱阳湖城市群基尼系数普遍维持在 0.3 左右，表明城市规模分布相对分散，首位城市辐射带动力没有得到很好的发挥，中小城市没有跟上大城市发展的步伐，人才资源、科技资源、能源资源等配置比例不协调，这将对城市群的发展起到很大的阻碍作用。第二，城市基尼系数有逐渐减小趋势，表明城市群城市规模分布分散程度加大，城市资源配置不平衡状况有所改善。为此，江西省要不断完善城市等级规模结构，增强城市核心带动作用，大力发展中小企业，增强城市群资源配置的统一性和协调性，进一步推动经济文化的迅猛发展。

表 3-3 历年环鄱阳湖城市群基尼系数

年份	T 值	S 值	基尼系数
1985	11663.78	445.09	0.320
1995	14560.04	564.54	0.315
2006	20564.55	787.74	0.318

年份	T 值	S 值	基尼系数
2007	20648.86	803.91	0.307
2008	20415.18	814.20	0.306
2009	20891.31	831.44	0.306
2010	20896.06	821.52	0.310

（3）水环境约束下的环鄱阳湖城市群城市不平衡状况。本书根据环鄱阳湖城市群各县市的 GDP 值和人口数统计数据，利用区位熵公式（$Q = S/P$，其中 Q 为区域的经济区位熵，Q 大于 1，说明区域经济在全国经济中属发达，反之欠发达；Q 越大，说明区域的经济发展水平越高，否则发展水平越低。S 和 P 分别为该区域 GDP 和人口数占全国的比重），计算 2006～2010 年城市规模分布的区位熵（见表 3－4）。第一，区位熵数值普遍在 0.5 左右，低于正常值 1，表明该区域经济发展水平相对落后，人口数量相对较多，城市化水平相对较低。环鄱阳湖区域经济在全国尚属于欠发达地区。第二，近年来区位熵呈逐渐上升趋势，GDP 占全国比重逐步提高，城市经济发展速度增快，各地区产业结构布局优化态势良好。近年来江西省主要产业由第一产业向第二、三产业转移，乡村人口逐渐向城镇人口转移，城乡经济不平衡状况突出。为此江西省应该向区位熵值达到 2以上的上海、北京、天津等发达城市看齐，注重经济增长方式的转变，进行经济结构，特别是产业结构的战略性调整。产业发展既要符合现代城市发展规律，大力发展基础产业、制造业、高新技术产业，发展新兴服务业，发挥第二、三产业对城市发展的主导作用；同时，又要保护好生态环境，避免大工业和城市化进展对环境的破坏，发挥生态优势对区域经济的促进作用，利用生态优势发展生态产业。江西省应由传统的工业生产基地和制造业中心，逐步向经济中心、文化中心、科技中心靠拢，全面推进城市建设，合理安排城

市布局，逐步提高经济水平。

表3-4 历年环鄱阳湖城市群城市区位熵

单位：%

年份	GDP 占全国比重	人口占全国比重	区位熵
2006	1.27	2.51	0.5059
2007	1.23	2.54	0.4867
2008	1.27	2.55	0.4995
2009	1.31	2.56	0.5101
2010	1.38	2.59	0.5311

（二）城市规模结构演变特征分析

（1）城市规模演变峰值与偏斜变化。从分布状况角度得知环鄱阳湖城市群城市规模分布情况不容乐观，那么城市演变趋势是否会朝理想城市规模发展呢？为此，本书将继续用核密度检验和马尔科夫概率转移矩阵对城市规模结构演变特征进行分析。本书以1985年、1995年、2006年、2010年环湖城市群各县市非农业人口规模为依据，使用非参数检验法对该城市群规模结构进行核密度估计，并观察其拟合曲线。

本书借助 Kernel 非参数检验法运用 Eviews 6.0 软件得到城市规模核密度图（见图3-1至图3-4），根据图形分析得到以下结论。第一，核密度整体曲线不断向右平移，表明环鄱阳湖城市群整体城市化水平得到较快发展，大、中、小城市规模都获得了较快增长，中小城市不断晋升为大中型城市，城市平均规模和大城市数量都有不同程度的增加。第二，小城市的核密度曲线峰值逐年减小，表明部分县市规模增长较快，小城市演变为大城市的概率变大。中等城市核密度峰值增大，峰数增加，表明城市群城市规模结构趋于均衡化。首位城市与中小城市差距逐年缩小，但由于首位城市规模过于庞大，中小城市要赶上首位城市还需要很长时间。第三，从形状上看，城市群 Kernel 密度曲线始终呈现"单峰状"，中小城市数量多、规模小的情况明显，大城市及特大城市出现严重断层现象，城市发展不均衡情况突出，曲线要达到"双峰状"还需要很长时间。但从中等城市逐渐增加的峰值与峰数来看，这种不均衡现象正在改善。

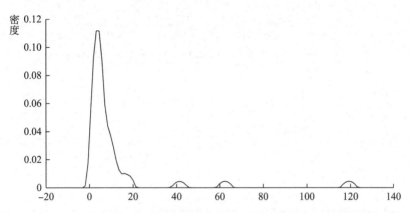

图 3 - 1　环鄱阳湖城市群城市规模核密度曲线（1985 年）

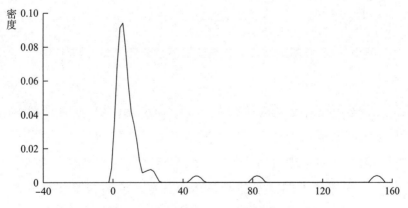

图 3 - 2　环鄱阳湖城市群城市规模核密度曲线（1995 年）

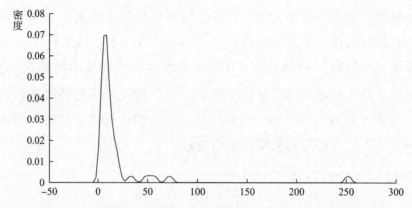

图 3 – 3　环鄱阳湖城市群城市规模核密度曲线（2006 年）

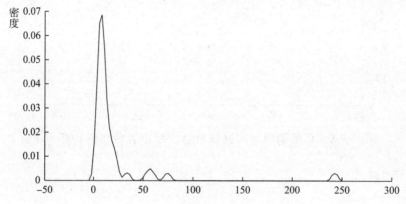

图 3 – 4　环鄱阳湖城市群城市规模核密度曲线（2010 年）

（2）城市群规模结构动态转移趋势。马尔科夫过程是一种特殊的随机运动过程。一个运动系统在 $k+1$ 时刻的状态和 k 时刻的状态有关，而和以前的状态无关。这一点用于城市群格局变化的预测是适合的。本书通过马尔科夫链原理得到马尔科夫概率转移矩阵（见表 3 – 5）。

第一，对角线上的概率基本在 0.9 左右，说明城市保持原级别概率偏高，短期内城市规模转型比较困难。第二，Ⅳ型城市与Ⅲ型城市对角线为 1，说明该城市群中心城市与其他城市规模之间差距较大，短期内中小型城市无法赶超大城市。第三，城市转型基本在该级别紧邻级别间转移，特别是向紧邻上一级转移的概率较高。这表明城市在发展过程中由小城市转为中等城市（Ⅰ型→Ⅱ型）的概率较高，由中等城市转为大城市（Ⅲ型→Ⅳ型）的概率较低，大城市的数量增长缓慢，同时，城市规模等级演变过程中存在人口向大城市和特大城市集聚的特征。

表 3 - 5　环鄱阳湖城市群在不同规模类型间的
概率转移矩阵（2007～2010 年）

$k/k+1$	n	O	I	II	III	IV	O	I	II	III	IV
O	5	4	1	0	0	0	0.8	0.2	0	0	0
I	30	2	27	1	0	0	0.067	0.9	0.033	0	0
II	4	0	0	3	1	0	0	0	0.75	0.25	0
III	2	0	0	0	2	1	0	0	0	1	0
IV	1	0	0	0	0	1	0	0	0	0	1

（三）城市规模结构演变规律

（1）城市规模结构演变的位序－规模规律。通过对城市规模结构演变特征进行分析后，我们发现演变特征还不能很好把握城市群未来发展趋势，为此采用位序－规模规律与分形模型对城市群演变规律进行揭示。本书借助回归方程 $\ln \bar{R}_i = \ln P_1 - \alpha \ln P_i$，运用 Excel 统计工具对数据进行统计，采用一元线性回归方法对鄱阳湖城市群的城市人口进行回归分析，研究环湖城市群规模分布值的一个大概趋势，其中，R 即城市的位序是被解释变量，P 即城市规模为解释变量，通过回归得到的系数 a 即为所求的环鄱阳湖城市群城市人口规模分布值（见表 3 - 6）。

由表 3 - 6 可以得到以下结论。第一，环鄱阳湖城市群齐夫指数普遍接近 1，城市规模分布接近齐夫法则所认为的城市规模分布，各个规模等级城市数量比例较合理，不同等级城市发挥各自的职能，所有城市共同发展。第二，回归系数在 0.97 左右，这说明回归直线和散点的重合较好，模型拟合值和实际值比较符合，可信度较高，城市群的等级分布具有比较明显的分形特征。第三，Hausdauf 维数呈升高趋势，表明城市群城市规模分布特征日趋明显，中小城市发展较快，整个城市群规模等级差异性有减小趋势，人口分布趋于均衡化。

表 3 – 6　环鄱阳湖城市群位序 – 规模分布维数变化情况

$$(Y = \ln P_i, \quad X = \ln R_i)$$

年份	位序规模表达式	齐夫指数	Hausdauf 维数	相关系数 R^2
1985	$Y = 4.6427 - 1.0366X$	1.0366	0.9647	0.9862
1995	$Y = 4.8031 - 1.0018X$	1.0018	0.9982	0.9759
2006	$Y = 5.1491 - 1.0128X$	1.0128	0.9874	0.9756
2010	$Y = 5.1966 - 1.0015X$	1.0015	0.9985	0.9760

（2）城市规模结构演变的双帕累托分布规律。尽管分形模型能较好拟合实际城市规模分布，但 Giesen 等（2010）通过对美国、德国和法国对数（LN）与差分后对数（DPLN）的累积密度函数及背离程度函数从定性与定量角度分析发现，即使在有更多参数的情况下双帕累托分布也能更准确拟合城市规模分布实际数值。

双帕累托分布融合了对数正态分布和帕累托分布的特点，既可以拟合对数正态分布的主体，有平滑转折点，同时也具备帕累托分布的尾部，是一种更合适对随意数据进行分析的模型。为此，本书借助 Eviews 6.0 软件做出环湖城市群城市人口规模分布数据的双帕累托概率密度正态分布（见图 3 – 5），并利用 Matlab 统计分析软件对概率密度相关参数进行了估计（见表 3 – 7）。

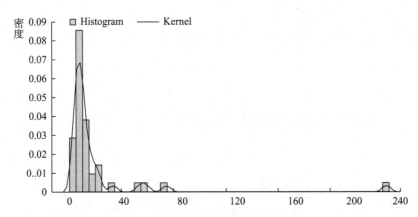

图 3 − 5　环鄱阳湖城市群城市规模双帕累托概率密度正态分布（2010 年）

表 3 − 7　DPLN 概率密度公式相关参数估计值

	$\hat{\alpha}$	$\hat{\beta}$	$\hat{\nu}$	$\hat{\tau}$
参数估计值	4. 6848	3. 3829	2. 4706	0. 9280

从比较结果可见：第一，环鄱阳湖城市群城市断层问题比较严重，能够承接首位城市辐射的大城市稀少，而中小城市呈现密集排布，数量较多，首位城市南昌的集聚作用依然很强，中小城市自身优势还未得到较好发挥，低等级城市规模要达到与首位城市规模相协调的过程还很漫长，环鄱阳湖城市群距离最优的等级规模分布还有相当长的距离；第二，从总体形态上看，环湖城市群密度曲线呈单峰状，符合 $\beta > 1$ 时的双帕累托对数正态分布；第三，从未来发展趋势来看，中等城市正逐步向大城市靠拢，小型城市发展速度也将逐年加快。就目前的城市分布而言，城市结构比例将得以调整，城市资源配置不均衡也会得以优化。

表 3 − 7 表明，环湖城市群概率密度公式中 $0 < \hat{\tau} < 1$ 说明参数估计值与期望值之间的偏离程度较小，参数似然估计值可信度较高；$\hat{\alpha} > 0$，$\hat{\beta} > 1$ 说明 DPLN 模型能较好拟合环湖城市群城市规模分布真实值，城市规模演变规律在双帕累托对数正态分布模型中得到较好展示。

第二节　环鄱阳湖城市群规模结构非线性
生长机制与检验

一　城市群规模结构非线性生长机制

在区域经济发展日益加快的背景下，城市群发展的影响因素不断增加，各因素之间的联系越来越密切。因此，对城市群的影响因素进行系统科学的分析，从而科学地规划城市群的发展，已引起城市地理学界、经济学界与规划学界的关注。城市群是一个大的区域空间的各种自然要素、社会经济要素和文化科技要素等构成的综合系统的有机体，是一个社会与自然大系统中具有较强活力的子系统，无论在区域层面上，还是在区域经济与城市连续发展的层面上，都是一个充满创新的实体。城市群的发展具有综合性和系统性，因此只有系统分析城市群发展的各影响因素，才能更好地揭示城市群的生长机制。本书从系统科学的视角出发，得出与环鄱阳湖城市群成长紧密相关的核心要素。

（1）资源要素的开发利用与城市群区内工矿城镇或加工工业城镇的形成，有着相互制约与发展的紧密关系。鄱阳湖生态经济区保护已成为国家级发展战略，维护好鄱阳湖地区的生态环境质量，永保鄱阳湖的"一壶清水"，是推进环鄱阳湖城市群发展必须遵循的根本原则。因此，环鄱阳湖城市群内每一个城市的发展都应当符合资源开发利用的可持续发展原则，尤其是水资源与土地资源，应当严格保护，合理开发利用，提高资源利用率，保护生物多样性和文化多样性，要把改善生态、保护环境作为经济发展和提高人民生活质量的重要内容，加大环境保护和治理力度，使资源永续利用，造福子孙后代。

（2）生产要素的充分利用，新型工业化道路的选择与工业开发区的建设对于城市群区内的大中城市的扩展有着紧密的关系，特别是组团式城市。城市化是现代大工业主导下非农产业发展的结果，因此，生产要素、工业化水平以及整个社会的产业结构变化与城市群地区发育有着密切的因果关系。相关研究表明，目前环鄱阳湖城市群生产要素的使用率仍然较低，虽然其已进入了工业化的中期阶段，但工业化的任务仍十分繁重。与此同时，环鄱阳湖城市群的产业结构仍有待进一步优化，主要表现在第一产业比重过大，而第三产业比重过低。因此，在今后的发展过程中，环鄱阳湖城市群应加快推进技术进步，提高资源和能源的使用效率，加快推进工业的转型发展，推进第三产业的快速发展，进一步优化产业结构，进而更好地推进环鄱阳湖城市群的发展。

（3）劳动力要素的流动和集中，与经济发达区内的城市群各个城镇产业转型，尤其是城市内部第二、三产业的发展和繁荣有着密切关系。现代化大城市、现代第三产业的高度发展，促进了城乡之间的各种物质、文化、科技和信息方面的交流，形成了城市区域城镇化发展的新局面。环鄱阳湖城市群目前第一产业比重过高，今后应以工业化为核心，以信息化为手段，加快推进环鄱阳湖地区农业现代化建设，实现工业化、城镇化、信息化和农业现代化的同步发展，从而实现更多的劳动力从农业中转移出来，实现农业的规模化、集约化生产。与此同时，环鄱阳湖城市群必须进一步加快第三产业的发展，为从农业中转移出来的劳动力提供更为广阔的就业市场，从而实现劳动力从农村向城市的转移，实现环鄱阳湖城市群的快速发展。

（4）资本要素对城市群地区的建设与可持续发展影响极大，特别是在全球经济一体化过程中，资本要素的流通、吸收与投放市场，促进了大中城市的基础设施建设与城市规模的扩大。不能把资本流动简单地归纳为一种运动，相反，资本流动的真正组件，是由区位的集中、盈余价值来源的重组、技术条件等构成。环鄱阳湖城市群具有明显的生态优势，经济发展质量正不断提高，人文社会环境不断改善，因此在今后的发展过程中，环鄱阳湖城市群应充分利用其优势条件，加快引进各类资金，推动重大的经济社会项目建设，实现城市群经济社会的更快发展。

（5）市场要素，特别是改革开放后，市场日益活跃。当前市场对经济发展的主导作用日益明显，经济社会发展只有符合市场规律，才能实现更好、更快的发展目标。因此，环鄱阳湖城市群在发展过程中，必须加快行政体制机制的改革，进一步简化各种重大经济社会项目的行政审批手续，进一步完善经济市场体制，充分发挥市场的主导作用，为经济社会发展营造良好的竞争和发展氛围。

二 城市群规模结构生长过程的静态检验

（一）Gibrat 生长过程检验

Gibrat 法则是由 Gibrat（1931）提出的关于规模与成长率之间关系的法则，近年来在经济地理领域已成为分析城市体系规模分布演化的重要法则。不论城市初始规模大小，在某一时间内，其规模以某一特定比率成长的概率是相同的，这就是城市规模领域的 Gibrat 法则。Gibrat 法则揭示了不同规模城市有其生存与发展的内在规律，各规模城市在城市化过程中各有优势。其简化公式如下：

$$S_{i,t}/S_{i,t-1} = \alpha S_{i,t-1}^{\gamma_1 - 1} \varepsilon_{i,t} \qquad (3-1)$$

其中，$S_{i,t}$ 是城市 i 在时刻 t 的人口规模，$\varepsilon_{i,t}$ 为随机误差项，均值为 1，方差为常数 σ^2，且与 $S_{i,t-1}$ 不相关，γ_1 代表初始规模对后期成长的影响效应。在实证过程中，假设城市规模与成长率之间的关系服从对数正态分布，本书对式（3-1）两边取对数并予以简化：

$$\Delta \ln S_{i,t} = \beta_0 + \beta_1 \ln S_{i,t-1} + \mu_{i,t} \qquad (3-2)$$

其中：$\beta_1 = \gamma_1 - 1$，如果检验的 $\beta_1 = 0$ 显著成立，则说明 Gibrat 法则成立，若 $\beta_1 < 0$，则说明小城市较大城市增长更快，若 $\beta_1 > 0$ 则说明大城市较小城市增长更快。

在城市化过程中，不同规模城市有其生存和发展的内在规律，为了探究环湖城市群这一规律的表现，本书选取 Gibrat 法则探究城市增长与规模分布的内在关系。城市增长可以采用城市人口增长率来衡量，并初步借助散点图来反映人口初始规模与增长率之间的相互关系。图 3 – 6 为进行平移三个标准差数据处理后的人口增长率与初始规模之间的双对数散点图，表明城市人口规模与城市人口增长率之间不存在线性关系，城市体系人口规模分布的演化满足 Gibrat 法则，城市增长率独立于城市规模，城市的大中小规模自身与城市的增长率之间不相关。为了进一步从定量角度通过实证分析检验该推断，本节运用环湖城市群 42 个县市 1986～2010 年非农业人口数据，进行 Gibrat 法则检验，使用 OLS 估计式（3 – 2），得到表 3 – 8，可知回归方程系数接近 0，尽管显著性不强，但仍然能说明环湖城市群城镇规模增长过程遵循 Gibrat 法则，环湖城市群城市规模结构演变形式呈现较弱的平行增长，城市体系不同规模城市的增长速度保持相对稳定。

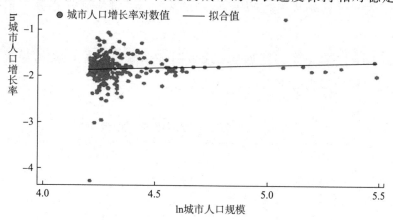

图 3 – 6　环湖城市群人口增长率与初始规模双对数散点分布

表 3 - 8 环湖城市群 1986 ~ 2010 年 Gibrat 法则检验结果

检验项	常数项	$\ln S_{i,t-1}$
T 值	5.73	-1.20
显著水平	0.000	0.233
$R^2 = 0.0049$	调整 $R^2 = 0.0015$	$F = 1.43$ (0.2326)
回归方程式	$\Delta \ln S_{i,t} = 0.1461 - 0.0145 \ln S_{i,t-1}$	

另外，通过对历年城市规模数据的分析，本书选择相应变量重点考察了 1986 年以来各影响因素的作用情况，变量含义与描述性统计结果如表 3 - 9 所示，通过考察城市增长率和初始城市规模之间的关系，可以识别城市规模分布的演变模式。本书以城市人口规模为自变量，以城市人口年均增长率为因变量，建立城市增长回归模型，若回归系数显著为正，说明初始规模较大的城市增长率较快，城市规模分布呈发散增长模式，若回归系数显著为负，说明初始规模较小的城市增长率较快，城市规模分布呈收敛趋势，若回归系数接近 0，说明城市增长与初始规模之间并没有多大关系，城市规模分布呈现平行增长模式。检验结果如表 3 - 10 所示，回归系数接近 0，表示环鄱阳湖城市群城市增长和初始规模之间不存在相关性，尽管显著性不强，但仍能说明环湖城市群城市规模分布呈现较弱的平行增长模式。另外，回归方程式拟合度非常小，接近 0，这表明环湖城市群城市初始规模对城市增长的解释能力非常有限。

表 3 - 9 主要变量的描述性统计分析

变量	变量含义	均值	方差	中位数	最小值	最大值
$Size - v$	人口增长速度对数	4.33	0.034	4.28	4.20	5.49
$Lsize$	初始人口规模对数	-1.85	0.083	-1.83	-4.25	-0.78

表 3 - 10　环湖城市群年均增长率和初始城市规模之间关系

变量	系数	标准误	T 统计检验值	P 统计概率值
pop	0.0001779	0.0001182	1.5	0.134
c	0.1499114	0.0095439	15.71	0.000
$R^2 = 0.0077$	调整 $R^2 = 0.0043$	F (1, 292) = 2.26		P 值 = 0.1335

（二）平稳面板单位根检验

面板数据单位根检验法最早由 Abuaf 和 Jorion 于 1990 年提出，用以改善传统单一方程式的单位根检验的检定力问题。Levin 等（1992）延续其概念，在其各回归方程式中加入滞后阶数项，使残差项符合白噪声的过程，修正了残差项具有异质序列相关的问题。考虑到实际中未必数据能达到同质的要求，面板单位根 IPS 检验对 LL 检验的备择假设进行了扩展，其模型形式为：

$$\Delta y_{i,t} = \alpha_i + \rho_i y_{i,t-1} + \zeta_{i,t}, i = 1,2,\cdots,N, t = 1,2,\cdots,T \quad (3-3)$$

其中，原假设为 $H_0 : \rho_i = 0, i = 1,2,\cdots,N$ ，备择假设为 $H_1 : \rho_i < 0$, $i = 1,2,\cdots,N_1, \rho_i = 0, i = N_1 + 1, N_1 + 2,\cdots,N$。

对式（3-3）写出对数似然函数：

$$l_{N,T}(\rho,\varphi) = \sum_{i=1}^{N} \left\{ -\frac{T}{2} \log \pi \sigma_i^2 - \frac{1}{2\sigma_1^2} \sum_{t=1}^{T} (\Delta y_{i,t} - \alpha_i - \rho_i y_{i,t-1})^2 \right\} \quad (3-4)$$

其中，$\rho = (\rho_1, \rho_2, \cdots, \rho_N)^T, \varphi_i = (\alpha_i, \sigma_i^2)^T, \varphi = (\varphi_1^T, \varphi_2^T, \cdots, \varphi_N^T)^T$。

本书使用式（3-4）进行面板数据单位根检验。在 IPS 检验中，IM、Pesaran 和 Shin（2003）采用了 LM 统计量，其基于组均值的 t 检验统计量如下：

$$\varphi_i = \frac{\sqrt{N} \left\{ \bar{t}_{N,T} - N^{-1} \sum_{i=1}^{N} E[t_{I,T}(p_i, 0) \mid \rho_t = 0] \right\}}{\sqrt{N^{-1} \sum_{i=1}^{N} Var[t_{I,T}(p_i, 0) \mid \rho_i = 0]}} \quad (3-5)$$

其中，$\bar{t}_{N,T} - N^{-1} \sum\limits_{i=1}^{N} t_{I,T}(p_i, \theta_i), t_{I,T}(p_i, \theta_i)$ 是个体的 t 检验，$E[t_{I,T}(p_i, 0) | \rho_t = 0]$，$Var[t_{I,T}(p_i, 0) | \rho_t = 0]$ 同样由随机模拟得到。

为了消除异方差性和熨平数据的波动性，本节对城市规模人口年均增长率数据及非农业人口数据取自然对数。经济变量常因时间序列位移的变化发生不平稳现象，而非平稳的时间序列会造成"伪回归"，从而使几个本来没有关系的序列呈现一定相关性。为了避免"伪回归"，本书采用 IPS 检验考察各变量的平稳性，用 Eviews 6.0 进行检验的结果如表 3－11 所示，可以看出各变量检验结果均拒绝原假设，人口规模与人均增长率数据不存在单位根，所选指标数据表现为平稳面板数据，随机冲击的影响只是暂时的，不会产生永久效应。

表 3－11　面板单位根 IPS 检验结果

变量	IPS 检验值	检验形式 (C, T)	P 值[**]	横截面样本	样本数	结论
ln*pop*	－1.90757	(C, T)	0.0282[**]	41	246	平稳
Δln*pop*	－2.07446	(C, T)	0.0190[**]	41	205	平稳
ln*growth*	－8.46600	(C, 0)	0.0000[***]	42	232	平稳
Δln*growth*	－9.92018	(C, 0)	0.0000[***]	42	210	平稳

注：①检验形式中，C 为常数项，T 为趋势项，0 为没有常数项或者趋势项；②Δ 表示一阶差分；③[**] 与 [***] 分别表示在 5% 和 1% 水平下显著。

（三）结构变化单位根检验

Perron（1989）在 ADF 检验的基础上引入结构突变成分，建立了相对完备的理论体系，而 Zivot 和 Andrews（1992）以及其他学者认为先验设定结构突变点带有较大的主观性，检验结果对突变点的位置具有条件依赖，在原数据的结构变化特征不显著时，这一检验可能失效。他们主张把所有的时点都当作可能的结构突变点，通过数据挖掘技术在检验单位根的同时判定实际的结构突变点，即采用内生检验的方法，得出与 Perron（1989）部分相逆的结论。

Zivot 和 Andrews（1992）采用的原假设假定数据生成过程是不包含结构突变的单位根过程：

$$y_i = \mu + y_{t-1} + e_t \tag{3-6}$$

所以，其单位根检验式中不包含代表突变点的虚拟变量 $D~(t_b)_t$。模型 A：

$$y_t = \alpha y_{t-1} + \mu + \theta DU_t + \beta_t + \sum_{j=1}^{p} c_j \Delta y_{t-j} + e_t \tag{3-7}$$

模型 B：

$$y_t = \alpha y_{t-1} + \mu + \beta_t + \gamma DT_t^* + \sum_{j=1}^{p} c_j \Delta y_{t-j} + e_t \tag{3-8}$$

模型 C：

$$y_t + \alpha y_{t-1} + \mu + \theta DU_t + \beta_t + \gamma DT_t^* + \sum_{j=1}^{p} c_j \Delta y_{t-j} + e_t \tag{3-9}$$

原假设为 H_0：$\alpha^i = 1$，备择假设为 H_1：$|\alpha^*| < 1$（$i = A$，B，C）。

其中，$DU_t = 1(t > T_b)$，$DT_t^* = (t - T_b)(t > T_b)$，$T_b$ 的取值范围是 $[2, T-1]$，记 $\lambda = T_b/T$ 表示突变点在整个样本中的相对位置；对每一个可能的突变点进行检验，得到 $\alpha^i(i = A, B, C)$ 的 t 统计量 t_α^i 序列，记为 $t_\alpha^i(\lambda)$，从中选择最小值 $t_\alpha^{i*} = \min\{t_\alpha^i, (\lambda)\}$，同相应的临界值比较，检验单位根原假设。

单位根检验是时间序列分析的基础，而考虑结构突变对单位根检验有着重要影响。为此，我们通过引入 ZA 内生性结构突变检验环鄱阳湖城市群 1986～2010 年 42 个县市的人口规模数据，为了反映检验的精度，首先分析了基于结构突变的单序列单位根检验，以南昌市区为例，观察其人口规模对数 ZA 检验结果如图 3-7 所示，剔除结构变化点后人口规模对数 ZA 检验结果如图 3 - 8 所示。图 3 - 8 表明南昌人口规模是一个结构变化过程，考虑剔除结构变化及其趋势影响可能会影响单位根检验结果，鉴于单序列分析可能会产生错误结论，为了弥补时间维度的不足，本书通过增加横截面来进行面板数据单位根检验，表 3 - 12 就是面板数据单位根检验结果。结果表明环湖城市群人口规模是一个平稳的宏观经济变量，考虑结构突变因素可以大大提高单位根检验水平，各个县市结构突变点不同，但突变年份普遍集中在 1994 ~ 2002 年，这说明 1995 年实施的 "农业立省" 和

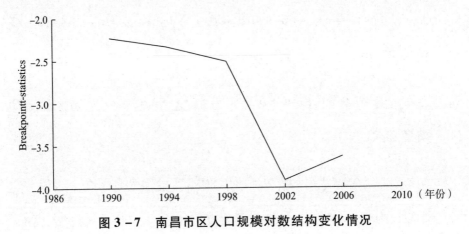

图 3 - 7　南昌市区人口规模对数结构变化情况

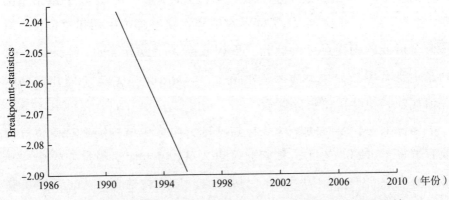

图 3 - 8　剔除结构突变点后南昌市区人口规模对数结构变化情况

2001 年推行的"工业建省"的重要改革措施对研究区城市规模结构
演变产生了系统性影响，这一历史冲击对环鄱阳湖城市群时间序列
的趋势函数造成了永久的结构性影响，也就是说改变了变量的潜在
数据生成过程。

表 3 - 12　环湖城市群结构突变的单位根检验

县市	结构突变点		滞后期
	t 统计值	年份	
南昌市区	- 3.907	2002	0
景德镇市区	- 10.817	1990	0
九江市区	- 2.000	2002	0
鹰潭市区	- 4.919	2006	0
抚州市区	- 40.022	1994	0
南昌县	- 3.429	2002	0
新建县	- 10.333	2002	0
安义县	- 4.745	1994	1
进贤县	- 7.715	1998	0
浮梁县	- 2.236	2006	0
乐平市	- 1.0e + 05	2002	0
九江县	- 4.472	1998	0
武宁县	- 6.233	1998	0
永修县	- 13.015	1994	1
德安县	- 3.8e + 04	2006	0
星子县	- 3.162	1994	1
都昌县	0.169	1994	1
湖口县	- 2.907	1998	0
彭泽县	- 8.835	1994	1

县市	结构突变点		滞后期
	t 统计值	年份	
瑞昌市	-24.499	2002	0
余江县	-7.000	2002	0
贵溪市	-83.392	1994	1
新干县	-6.000	2002	0
奉新县	-2.000	2002	0
靖安县	-4.472	1998	0
丰城市	-1.824	1990	0
樟树市	-5.814	1998	0
高安市	-4.919	1998	0
南城县	-12.500	2002	0
崇仁县	-1.1e+05	1994	1
乐安县	-7.102	1994	1
宜黄县	-5.814	1994	1
金溪县	-6.261	1998	0
资溪县	-3.4e+04	1994	1
东乡县	-4.920	2006	0
横峰县	-7.334	2002	0
弋阳县	-3.131	2006	0
余干县	-4.472	2006	0
鄱阳县	-3.801	2006	0
万年县	-8.306	1994	1
婺源县	-6.709	1998	0
德兴市	-4.000	2002	0

注：根据前面分析，模型选择有截距项，有趋势项。

三　城市群规模结构生长过程的动态检验

（一）平稳面板动态最小二乘法（DOLS）检验

为了研究人口规模增长率与非农业人口之间的长期关系，本书基于两个变量的选取，模型设定如下：

$$\ln growth_{i,t} = \alpha_{0i} + \alpha_{1i}\ln pop_{i,t} + \varepsilon_{i,t} \tag{3-10}$$

其中 $\ln growth$ 和 $\ln pop$ 分别表示城市人口年均增长率与非农业人口平移三步标准差之后的对数值。$\varepsilon_{i,t}$ 表示误差项，假设为白噪声且服从相同正态分布。i 表示不同县市，t 表示不同时期。此外，本书把变量的一阶差分形式代入以上方程，即可得到人口规模与城市增长之间的短期关系：

$$\Delta\ln growth_{i,t} = \beta_{0i} + \beta_{1i}\Delta\ln pop_{i,t} + \upsilon_{i,t} \tag{3-11}$$

Kao 和 Chiang 提出的面板 DOLS 通过引入自变量的滞后项和超前项优化了协整估计，与此同时他们还分别运用 OLS、DOLS、FMOLS 对有限样本数据进行了估计，结果发现 DOLS 估计最优。因此，本节通过引入动态最小二乘法研究 1986～2010 年环湖城市群 42 县市人口规模与城市增长率之间的长期关系，具体回归方程式如下：

$$\ln growth_{i,t} = \alpha_{0i} + \alpha_{i,t}\ln pop_{i,t} + \sum_{j=k_1}^{k_2} c_{i,j}\Delta\ln pop_{i,t} + \varepsilon_{i,t} \tag{3-12}$$

式（3-12）中 Δ 表示一阶差分算子，k_1 为领先时期，k_2 为滞后时期，通过式（3-12）可以得到自变量与因变量长期关系参数的一致估计。

传统的经验研究只采用 OLS 方法对城市人口规模与城市增长关系的时间序列或面部数据进行回归分析，本书为了研究二者之间长期动态相互作用关系，弥补由于数据获取原因导致的小样本时间序列分析不足，获得关于环湖城市群城市增长与人口规模之间关系的较为准确的结论而采取动态最小二乘法估计（DOLS）。本书利用 Kao 和 Chiang 的 DOLS 方法对式（3 – 12）进行估计，具体结果见表 3 – 13。表 3 – 13 表明人口对数与城市增长率对数能在 10% 显著水平下通过检验，能较有力证明二者之间存在长期相互作用关系，方程拟合度较好，残差序列能满足序列无关、正态分布等假设。回归系数大于 0 表明环鄱阳湖城市群城市人口规模与城市增长率之间在长期作用下呈现一定正相关关系，随着时间的推移，城市人口的自然增长会引起城市增长率的扩大，并且这种长期作用关系较为持久稳定。

表 3 – 13　DOLS 检验结果

变量	系数	Std. Err	z	$P > \mid z \mid$	$Wald - \chi^2$（1）	R^2	$Adj - R^2$
lnpop	0.667918	0.3863827	1.73	0.084	2.99	0.0530	– 0.1230

（二）结构变化动态门槛检验

本书采用的门槛面板模型，是由 Hansen（1996，1999，2000）一系列原创性论文发展出的新的门槛回归计量方法，其优点体现在：一是，不需要给定非线性方程的形式，门槛值及其个数完全由样本数据内生决定；二是，该方法提供了一个渐进分布理论来建立待估参数的置信区间，同时还可运用 Bootstrap 方法来估计门槛值的统计显著性。

门槛变量的选择可由理论模型外生决定，Hansen（2000）两体制的门槛回归模型可表示为：

$$y_i = x'_i \beta_1 + e_i, q_i \leqslant \gamma \qquad (3 – 13)$$

$$y_i = x'_i \beta_2 + e_i, q_i \geqslant \gamma \qquad (3 – 14)$$

其中，y_i 为被解释变量，即为环湖城市群总人口的对数值的面板数据，x_i 为 $p \times 1$ 阶解释变量向量，q_i 为门限变量（Threshold Variable），即为环湖城市群人口增长率面板数据，q_i 可以是也可以不是 x_i 的一部分。门槛变量的作用是将样本划分为不同的组（内生分组），采用 Hansen（2000）的门槛回归方法，以门槛变量为体制（Regime）改变的转折点，模型中不同体制就是通过门槛变量大于或小于某一门槛值来表示。

定义虚拟变量 $d_i(\gamma) = (q_i \leqslant \gamma)$，其中（·）是指示函数，即对于 $q_i \leqslant \gamma$，(·) = 1，否则（·）= 0。这样，式（3 – 14）和式（3 – 15）即可以用单一方程表示：

$$y_i = x'_i \beta + x'_i d_i(\gamma)\theta + e_i, e_i - iid(0, \delta_i^2) \qquad (3-15)$$

其中，$\beta = \beta_2$，$\theta = \beta_1 - \beta_2$。

对应于任意门限值 γ，可以通过求残差平方和 $S_1(\gamma) = e_i(\gamma)'e_i(\gamma)$ 得到各参数的估计值。最优门限值 $\hat{\gamma}$ 应该使 $S_1(\gamma)$ 所有残差平方和最小：

$$\hat{\gamma} = \text{Arg min} S_1(\gamma) \qquad (3-16)$$

Hansen（2000）将门槛变量中的每一观测值均作为了可能的门槛值，将满足式（3 – 16）的观测值确定为门槛值。当门槛估计值确定之后，那么其他参数值也就能够相应确定。

考虑到各县市人口增长能力不同从而引起城市规模增长率收敛速度的变化，我们试图利用 Hansen 提出的面板门槛值模型，通过内生性分组来反映城市人口规模与城市增长率之间的非线性关系，利用 Matlab 统计软件可以得到如下相关结果（见表 3 – 14、表 3 – 15、表 3 – 16），结果表明环鄱阳湖城市群城市规模以门槛值 0.020 为分界线呈现两种状态：由 $\beta_1 = -2.9068$ 可知，人口增长率低于 2% 的县市，城市规模一直陷于停止增长甚至负增长的阶段，这一阶段主要以景德镇市区、永修县、星子县、鄱阳县为典型代表；而由 $\beta_2 = 4.3211$ 可知，人口增长率高于 2% 的县市，城市规模结构随着时间的演进，将处于快速增长阶段，这一阶段主要以九江市区、鹰潭市区、抚州市区、都昌县、万年县为典型代表。

表 3 – 14　模型估计与检验

假设检验	Wald Tests（LM）	Fisher Tests（LMF）	LRT Tests（LRT）
H_0：没有门槛值，H_1：至少 1 个门槛值	$W = 2.098$，$p = 0.148$	$F = 1.804$，$p = 0.180$	$LRT = 2.105$，$p = 0.148$
H_0：1 个门槛值，H_1：至少 2 个门槛值	$W = -13.534$，$p = 1$	$F = -10.958$，$p = 1$	$LRT = -13.232$，$p = 1$

表 3 – 15　模型的参数值

参数	估计值	t 统计值
β_1 $\{\gamma_{it} \leqslant 0.020\}$	-2.9068	-5.4795
β_2 $\{\gamma_{it} \geqslant 0.020\}$	4.3211	2.5713

表 3 – 16　门槛值的估计结果

	估计值	置信区间	RSS	AIC	BIC	收敛性
门槛值 γ	0.020	[0.0184, 0.0301]	22.792	-2.590	-2.540	1

第三节　环鄱阳湖城市群规模结构演变的空间相互作用与创新扩散分析

一　城市群规模结构演变的空间相互作用分析

（一）环湖城市群距离与规模关系的研究

（1）仅考虑城市间距离。首先只考虑城市 i 的人口规模与 D_{in} 的关系，表 3 – 17 中模型 I 的校正决定系数为 0.2565，F 值为 14.7971，p

值为 0.0004，在 0.01 的水平上显著，说明模型 1 是可信的。在此模型中，常数项 $\ln K$ 为 0.1627，系数值 α 为 0.6129。从模型 1 的结果得到，P_i 与 D_{in} 呈正相关，即城市 i 距离城市 n 越远，城市 i 的人口规模越大，也就是两个城市在空间距离上表现出一定的竞争关系，这和王茂军等（2010）的研究结果是一致的。

在模型 1 的基础上引入 D_{ic} 和 D_{is} 这两个变量，分析城市 i 的人口规模与 D_{in}、D_{ic} 和 D_{is} 之间的关系。表 3 – 17 中模型 4 的校正决定系数为 0.3486，F 值为 7.4228，p 值为 0.0006，在 0.01 的水平上显著，说明模型 4 是可信的。在此模型中，常数项 $\ln K$ 为 2.6687，系数值 α、χ 和 ε 分别为 0.6153、– 0.0854 和 – 0.5099。从模型 4 的结果得到，P_i 与 D_{in} 呈正相关，与 D_{ic} 和 D_{is} 呈负相关，且 D_{in} 对 P_i 的解释贡献率最大，这和王茂军等（2010）的研究结果也是一致的。

（2）同时考虑城市规模与城市间距离因素。上文只考虑了城市间距离因素对城市规模的影响效果，作者在此基础上引入规模因素，同时考虑城市间距离和规模因素对城市人口规模的影响。本书首先仅考虑城市规模大于 P_i 且距离 P_i 最近的城市 n 的人口规模对 P_i 的影响，表 3 – 17 中模型 2 的校正决定系数为 0.4968，比模型 1 和模型 4 有显著提高，F 值为 41.4779，p 值为 0.0000，在 0.01 的水平上显著，说明模型 2 是可信的，且可信度也要比模型 1 和模型 4 明显提高。在此模型中，常数项 $\ln K$ 为 0.5602，系数值 β 为 0.5509。结果显示，P_i 受 P_n 明显的正向影响，这和王茂军等（2010）的研究结果也是一致的。

本书接着在模型 2 的基础上引入 D_{in} 这个变量，分析城市 i 的人口规模与 P_n 和 D_{in} 之间的关系。表 3 – 17 中模型 3 的校正决定系数为 0.6942，F 值为 46.4008，p 值为 0.0000，在 0.01 的水平上显著，说明模型 3 是可信的，且模型 3 比只考虑 P_n 对 P_i 影响的模型 2 要更加可信。在此模型中，常数项 $\ln K$ 为 – 1.1288，p 值为 0.0079；系数值 α 和 β 分别为 0.5664 和 0.4454，p 值分别为 0.0000 和 0.0000，均在

0.01 的水平下显著。结果显示，P_i 与 D_{in} 和 P_n 均成正相关，且 D_{in} 对 P_i 的正向影响要大于 P_n。

本书又同时引入 D_{in}、D_{ic}、D_{is}、P_n、P_c 和 P_s，综合分析这些变量对 P_i 的影响。但是，由于环鄱阳湖城市体系中首位城市只有一个，因此 P_s 是固定值，即相当于只有 D_{in}、D_{ic}、D_{is}、P_n 和 P_c 5 个变量。表 3 - 17 中模型 5 的样本校正决定系数为 0.6185，F 值为 12.6718，p 值为 0.0000，在 0.01 的水平上显著，说明模型 5 是可信的。在此模型中，系数值 α 和 β 分别为 0.3187 和 0.3596，表明 P_n 和 D_{in} 对 P_i 有正向影响，系数值 χ 和 φ 分别为 0.2298 和 0.3645，且均在 0.1 水平上显著，表明 D_{ic} 和 P_s 对 P_i 有正向影响，系数值 δ 和 ε 分别为 - 0.2653 和 - 0.4521，表明 P_c 和 D_{is} 对 P_i 有负向影响。

本书在模型 5 的基础上，剔除 P_c 和 P_s 两个变量后进行多元回归。表 3 - 17 中模型 6 的结果显示，样本校正决定系数为 0.5914，F 值为 14.0277，p 值为 0.0000，在 0.01 的水平上显著。系数值 β 为 0.3473，且在 0.01 水平上显著；系数 α 为 0.3641，在 0.1 的水平上显著；系数 ε 为 - 0.2839，且在 0.05 的水平上显著；而系数 χ 和常数项 $\ln K$ 均没有通过 0.1 水平的显著性检验。继续剔除变量 D_{is}，由表 3 - 17 中模型 7 得到，样本校正决定系数为 0.5113，F 值为 13.5544，在 0.01 的水平上显著。系数 β 为 0.4475，在 0.01 水平上显著；系数 χ 为 0.3115，在 0.05 水平上显著；而系数 α 和常数项 $\ln K$ 均没有通过 0.1 水平的显著性检验。

由以上 7 个模型分析得到，P_i 可由变量 P_n 和 D_{in} 来解释，两者均对 P_i 有正向影响，且 D_{in} 的影响大于 P_n。

（二）城市间距离与距离位序的关系

Zipf 指数和城市规模分布的分维值分别来自齐夫（Zipf）公式和帕累托（Pareto）公式，这两个公式是描述城市位序 - 规模的重要经

表3－17　环鄱阳湖城市体系规模与城市间距离的回归分析统计量

模型	自变量	系数值 常数项 lnK	最近城市 规模 β	最近城市 距离 α	区域中心城市 规模 δ	区域中心城市 距离 χ	首位城市 规模 φ	首位城市 距离 ε	T值 常数项	最近城市 规模 β	最近城市 距离 α	区域中心城市 规模 δ	区域中心城市 距离 χ	首位城市 规模 φ	首位城市 距离 ε	校正 r^2	F值	样本量
1	D_{in}	0.1627		0.6129					0.2864		3.8467***					0.2565	14.7971***	41
2	P_n	0.5602	0.5509						1.8669*	6.4403***						0.4968	41.4779***	42
3	D_{in}、P_n、D_{ia}	−1.1288	0.4454	0.5664					−2.8042***	7.5382***	5.5330***					0.6942	46.4008***	41
4	D_{in}、D_{ic}、D_{ia}	2.6687		0.6153		−0.0854		−0.5099	4.8388***		2.6494**		−0.5750		−4.4300***	0.3486	7.4228***	37
5	D_{in}、D_{ic}、D_{ia}、P_n、P_c、P_s		0.3596	0.3187	−0.2653	0.2298	0.3645	−0.4521		4.8444***	2.0534**	−1.8081*	1.7707*	1.7836*	−3.3039***	0.6185	12.6718***	37
6	D_{in}、D_{ia}、D_{ic}、P_n	0.3473	0.3473	0.3641		0.1958		−0.2839	0.5164	4.5398***	1.8956*		1.4729		−2.7335**	0.5914	14.0277***	37
7	D_{in}、D_{ic}、P_n	−0.8685	0.4475	0.1255		0.3115			−1.5743	6.0943***	0.6708		2.2612**			0.5113	13.5544***	37

注：*** $P<0.01$，** $P<0.05$，* $P<0.1$。

验性公式。对于一个城市的规模和该城市在国家所有城市按人口规模排序中的位序的关系所存在的规律，叫作位序–规模法则。城市的位序–规模可以表示为：

$$P_1 \geqslant P_2 \geqslant P_3 \geqslant \cdots \geqslant P_r \geqslant \cdots \qquad (3-17)$$

如果将区域城市按照人口规模从大到小排序，位序–规模法则表示为：

$$P_i = P_1 R_i^{-q} \qquad (3-18)$$

其中，R_i 为城市 i 的位序，P_i 是位序为 R_i 的城市的规模，P_1 为理论上的首位城市的规模，q 为城市位序弹性系数。当 $q = 1$ 时，城市规模分布满足齐普夫定律，这是"位序–规模"法则的一个特例，此时，P_2 为 P_1 的 $1/2$，P_3 为 P_1 的 $1/3$，以此类推；当 $q < 1$ 时，城市规模均匀分布，特别地，当 $q = 0$ 时所有城市的规模都相等；当 $q > 1$ 时，大城市将比齐普夫定律预测得更大，隐含着更多的城市集聚。用"位序–规模"法描述城市规模分布的曲线被称为"位序–规模"曲线。有时，为了直观起见，取其双对数形式：

$$\ln P_i = \ln P_1 - q \ln R_i \qquad (3-19)$$

研究发现，一个一体化的区域城市体系中，两城市规模越大，城市间的距离也越大。现在，本书需要验证环鄱阳湖城市体系中，城市间距离与其位序之间是否也存在类似的关系。

根据公式（3–19），假设城市间距离与距离位序存在上述关系，则有下式成立：

$$D_{in} = D_{2n} R^{-\alpha} \qquad (3-20)$$

其中，D_{2n} 为城市体系中由高到低逆序排列的次位城市与其最近距离城市的距离，D_{in} 为 R 位城市 i 与其最近距离城市 n 的距离，R 为位序，α 为城市间距离位序弹性系数。若公式（3–20）中 α 的绝对值取值趋向于 1，则可以说明假设成立，即城市间距离与其位序之间也存在类似的关系。为了直观起见，将公式（3 - 20）转化为其对数形式：

$$\ln D_{in} = \ln D_{2n} - \alpha \ln R \qquad (3 - 21)$$

利用公式（3 - 21）进行验证，得到回归分析结果如表 3 - 18 所示。表 3 - 18 中回归模型以环鄱阳湖 42 个县市为分析样本，样本校正决定系数为 0. 1219，F 统计量为 6. 6910，P 值为 0. 0134，在 0. 05 的水平上显著，这说明该模型是可信的。模型中常数项和 α 的系数值都在 0. 05 的水平上显著。但是 α 的值仅为 0. 2384，其绝对值远远小于 1，这说明了环鄱阳湖城市体系中，城市间距离的位序差异对城市间距离差异没有明显的解释作用，即环鄱阳湖城市体系中城市间距离和距离位序之间不存在明显的与城镇位序 - 规模法则相一致的内在定量关系。

表 3 - 18　环鄱阳湖城市群城市间距离与城市间距离位序的回归统计量

系数值		T 值		P 值		R^2	F 值	样本数
常数项	α 值	常数项	α 值	常数项	α 值			
2. 4917	0. 2384	9. 2129	2. 5867	0. 0000	0. 0134	0. 1433	6. 6910	42

二　城市群规模结构演变的创新扩散分析

（一）环鄱阳湖城市创新流强度与城市规模的相关性

城市流强度是指在城市群区域城市间的联系中城市外向功能（集聚与辐射）所产生的影响量，它反映了城市与外界区域相互作用而发生的经济社会联系的强度，城市间的扩散属于创新流的一部分，因此可用城市流强度模型分析环鄱阳湖城市规模等级与创新扩散之间的关联性。

城市创新流强度模型为：

$$F = NE \qquad (3-22)$$

其中，F 代表城市创新流强度，N 代表城市创新功能，E 代表城市外向功能量。选择城市从业人员作为城市功能量指标，则 E 取决于某一部门从业人员的区位熵 L，L_{ij} 表示 i 城市、j 部门从业人员的区位熵，公式为：

$$L_{ij} = \frac{q_{ij}/q_i}{q_j/q} \qquad (3-23)$$

其中，q_{ij} 为 i 城市 j 部门从业人员数，q_i 为 i 城市从业人员数，q_j 为全国 j 部门从业人员数，q 为全国总从业人员数。

若 $L_{ij} < 1$，则 i 城市 j 部门不存在外向功能量，即 $E_{ij} = 0$；若 $L_{ij} > 1$，则 i 城市 j 部门存在外向功能量，且 $E_{ij} = q_{ij} - q_i \dfrac{q_j}{q}$，$i$ 城市总的外向功能量为 $E_i = \sum\limits_j E_{ij}$；$i$ 城市的创新功能 N_i 用国际互联网用户数来表示。

本书从《江西统计年鉴（2011）》获取环鄱阳湖 42 县市第二产业和第三产业的主要外向服务部门从业人员数据，计算出各部门的外向功能量，进而计算出第二产业部门和第三产业部门总的外向功能量，再根据江西省 2010 年第二产业与第三产业产值在国民经济中所占的比重，为两大产业部门外向功能量赋予权重，加权后计算得到总的外向功能量，并将各城市的外向功能量与国际互联网用户数相乘，得到 2010 年各城市的创新流强度（见表 3-19）。

南昌市区作为环鄱阳湖城市体系中县级首位城市，创新流强度也为 42 县级城市最高；抚州市区、九江市区、南昌县、鹰潭市区和景德镇市区为环鄱阳湖城市体系中城市规模较大且经济发展较强的几个县级城市，其创新流强度也非常高；而资溪县、崇仁县、德安县、永修县和余江县城市的规模较小，其创新流强度也相对较低。表 3-20 显示，环鄱阳湖城市体系各城市的创新流强度等级与各城

表 3－19 环鄱阳湖 42 县市城市创新流强度

城市	N_i（户）	E_i	F_i	城市	N_i（户）	E_i	F_i	城市	N_i（户）	E_i	F_i
南昌市区	78999	0.9057	71548.9410	安义县	10846	0.1068	1158.3813	樟树市	36000	0.0349	1257.3366
南昌县	35300	0.7649	27000.9816	景德镇市区	93920	0.0660	6194.5634	高安市	13764	0.3090	4252.7969
新建县	10854	0.0736	799.1204	乐平市	33500	0.2260	7572.1651	万年市	8776	0.0722	633.2723
进贤县	27610	0.3200	8834.3834	彭泽县	15100	0.1684	2542.5950	崇仁县	2198	0.1412	310.3142
九江市区	132498	0.2100	27830.5831	浮梁县	16412	0.0994	1630.9217	金溪县	8243	0.1651	1360.5891
九江县	14558	0.1948	2835.5546	鹰潭市区	51797	0.4632	23993.9531	弋阳县	10598	0.0664	703.3831
湖口县	13400	0.1695	2271.4623	贵溪市	19215	0.1824	3505.4386	新干县	16227	0.0297	482.3962
都昌县	16825	0.1082	1820.1133	余江县	12900	0.0000	0.0000	乐安县	8082	0.1554	1255.6369
星子县	12000	0.1255	1506.3403	武宁县	33178	0.3463	11489.3589	宜黄县	8049	0.1176	946.8973
德安县	11523	0.0250	288.5366	瑞昌市	21430	0.0494	1057.7180	南城县	15217	0.2238	3406.2629
永修县	16083	0.0000	0.0000	抚州市区	91845	0.5461	50155.4953	资溪县	5495	0.0584	321.0360
东乡县	16609	0.0957	1589.0145	靖安县	7500	0.0959	719.4433	横峰县	8098	0.0824	667.0704
鄱阳县	23207	0.5324	12356.2943	奉新县	16642	0.1871	3113.5077	德兴市	20119	0.1365	2745.3884
余干县	5842	0.3042	1776.8500	丰城市	33412	0.2863	9565.0888	婺源县	11930	0.1162	1386.6597

表3-20 环鄱阳湖城市规模等级与创新流强度等级对照情况

城市\指标	南昌市区	南昌县	新建县	进贤县	九江市区	九江县	湖口县	都昌县	星子县	德安县	永修县	东乡县	鄱阳县	余干县
规模等级	1	6	13	15	2	32	29	16	36	34	19	14	9	12
强度等级	1	4	32	9	3	16	19	20	24	40	41	23	6	21

城市\指标	安义县	景德镇市区	乐平市	彭泽县	浮梁县	鹰潭市区	贵溪市	余江县	武宁县	瑞昌市	抚州市区	靖安县	奉新县	丰城市
规模等级	25	4	8	30	39	10	20	22	28	17	3	35	21	5
强度等级	29	11	10	18	22	5	13	41	7	30	2	33	15	8

城市\指标	樟树市	高安市	万年县	崇仁县	金溪县	弋阳县	乐安县	宜黄县	南城县	资溪县	横峰县	德兴市	婺源县
规模等级	11	7	27	25	33	26	24	23	38	27	40	37	18	31
强度等级	27	12	36	39	26	34	37	28	31	14	38	35	17	25

市规模等级基本对应。

本书对 42 个城市的规模等级和创新流强度等级做斯皮尔曼等级相关分析，得到二者的相关系数为 0.607，在 0.01 的水平上显著，这说明两者的一致度极高。创新流强度等级体现城市创新扩散的强度，而规模等级大小体现城市非农业人口数量的大小，二者高度的一致性反映了环鄱阳湖城市体系中的创新扩散主要呈现由大城市扩散到次级规模城市再扩散到小城市的等级扩散模式，这个结论与程开明对长三角城市的研究结果是一致的。

（二） 环鄱阳湖城市创新能力的等级特征

尽管环鄱阳湖城市群在经济上没有长三角、珠三角和京津冀等城市群发达，但是近年来，随着国家大力建设环鄱阳湖生态经济区，环鄱阳湖城市群的经济水平快速上升，且逐渐聚集了大量的知识、科技和信息要素，初步形成了创新扩散的外部环境。考虑到县级城市数据的难以获得性，本书最终选取国际互联网用户数、普通中学数、普通中学专任教师数、医院及卫生院卫生技术人员数和人均邮电业务总量衡量环鄱阳湖城市的创新扩散能力，运用 SPSS19.0 对 42 个城市的创新扩散能力进行聚类分析。

若将这些城市聚为 3 类，则南昌市区、景德镇市区、鹰潭市区和抚州市区为第一类，九江市区为第二类，其他城市为第三类；若聚为 4 类，则南昌市区、景德镇市区和抚州市区为第一类，九江市区为第二类，南昌县、进贤县、乐平市、鹰潭市区、武宁县、丰城市和樟树市为第四类，其他城市为第三类。另按照城市规模将这些城市分别归为 3 类及 4 类，得到两种等级对照情况（见表 3 - 21）。表 3 - 21 结果显示，环鄱阳湖市规模与创新扩散能力具有较高的一致性，城市规模等级越高，其创新扩散能力也越强，这也表明中心城市有利于创新扩散。

表3-21 环鄱阳湖城市创新扩散能力聚类结果与城市规模分类

城市	南昌市区	南昌县	新建县	进贤县	九江市区	九江县	湖口县	都昌县	星子县	德安县	永修县	东乡县	鄱阳县	余干县
离中心距离（千米）（3类）	9086.2	19223.0	5319.3	11523.4	0.0	1660.0	2848.9	1361.4	4218.9	4801.8	705.7	616.4	9779.4	10454.3
所属类别（3类）	1	3	3	3	2	3	3	3	3	3	3	3	3	3
城市规模等级	1	2	2	3	1	3	3	3	3	3	3	3	2	2
离中心距离（千米）（4类）	11917.4	793.1	2179.2	8228.9	0.0	1757.4	820.6	4232.3	1044.9	1726.8	3286.9	3782.3	12493.9	7284.7
所属类别（4类）	1	4	3	4	2	4	3	2	4	4	2	3	3	2
城市规模等级	1	1	2	2	1	4	3	2	4	4	2	2	1	2

城市	安义县	景德镇市区	乐平市	彭泽县	浮梁县	鹰潭市区	贵溪市	余江县	武宁县	瑞昌市	抚州市区	靖安县	奉新县	丰城市
离中心距离（千米）（3类）	5398.7	14907.4	17412.9	1161.4	1199.6	27777.9	3151.1	3323.8	17067.0	5311.7	13041.7	8751.9	910.8	17794.5
所属类别（3类）	3	1	3	3	3	1	3	3	3	3	1	3	3	3
城市规模等级	3	1	2	3	3	2	3	3	3	3	1	3	3	2

续表

城市	安义县	景德镇市区	乐平市	彭泽县	浮梁县	鹰潭市区	贵溪市	余江县	武宁县	瑞昌市	抚州市区	靖安县	奉新县	丰城市
离中心距离（千米）（4类）	2170.6	6698.2	2347.8	2298.1	3713.7	16049.8	6442.1	591.7	3174.1	8603.8	5548.2	5471.1	3866.9	4060.1
所属类别（4类）	3	1	4	3	3	4	3	3	4	3	1	3	3	4
城市规模等级	3	1	1	3	4	1	2	3	3	2	1	4	2	1

城市	樟树市	高安市	万年县	崇仁县	金溪县	弋阳县	新干县	乐安县	宜黄县	南城县	资溪县	横峰县	德兴市	婺源县
离中心距离（千米）（3类）	19879.2	2873.7	7396.4	13956.0	7939.6	5578.5	741.8	8071.6	8171.5	1113.7	10737.2	8114.4	4043.6	4240.2
所属类别（3类）	3	3	3	3	3	3	3	3	3	3	3	3	3	3
城市规模等级	2	2	3	3	3	3	3	3	3	3	3	3	3	3
离中心距离（千米）（4类）	501.8	2087.7	4161.4	10651.9	4639.3	2289.6	3441.3	4766.1	4882.8	2423.5	7442.5	4823.3	7301.1	979.7
所属类别（4类）	4	3	3	3	3	3	3	3	3	3	3	3	3	3
城市规模等级	1	1	3	3	4	3	3	3	4	3	4	4	2	3

第四章　水环境约束下的环鄱阳湖城市群城市异速增长过程与规律

第一节　环鄱阳湖城市群城市异速增长现状

一　环鄱阳湖水资源现状

鄱阳湖位于长江中下游、江西省北部，包括赣江、抚河、饶河、修河和信江五大水系，流域面积 16.22 万平方千米，占长江流域面积的 9%，对长江中下游的水环境安全具有非常重要的意义。本书借鉴先前研究，在城市空间结构理论的基础上，基于"湖泊效应"假设，在 Bass 模型的基础上建立了"湖泊效应"影响模型，将研究区划分为环湖核心区、边缘区和外围区，内含 42 个城市，占地面积约 5.12 万平方千米。研究区情况如图 4 - 1 所示。

环鄱阳湖区水资源分布比较丰富，其中 2010 年该区水资源所占面积为 6332.27 平方千米，占整个环鄱阳湖区总行政面积的 9.07%。其中核心区地表水资源面积最大为 4323.59 平方千米，占核心区总行政面积的 19.53%；边缘区地表水资源面积为 1691.16 平方千米，占该区总行政面积的 5.06%；外围区地表水资源面积最小，面积为 317.51平方千米，面积占比为 2.23%。2010 年整个环鄱阳湖区地表水资源面积占行政面积的百分比见表 4 - 1。其中，都昌县水资源面积占比最大

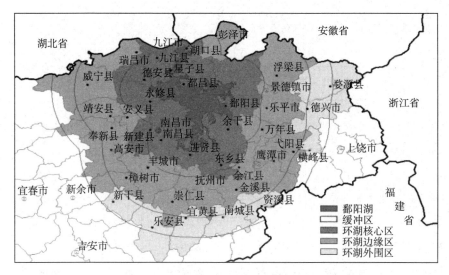

图 4 – 1　环鄱阳湖区缓冲区及城市分布

资料来源：中国行政区划矢量图。

为 37.94%，余干县、南昌县、湖口县、进贤县、星子县、鄱阳县、九江市区、新建县、九江县、鹰潭市区和彭泽县的水资源面积所占比例也较大，都在 10% 以上；靖安县、乐安县、宜黄县、浮梁县、永修县、资溪县和德兴市水资源面积占比很小，尚不足 2%，特别是德兴市，水资源面积仅为 0.39 平方千米，占比不足为 0.01%。

表 4 – 1　环鄱阳湖区 42 个城市地表水资源面积占比情况（2010 年）

城市	湖泊面积占行政面积的百分比（%）	城市	湖泊面积占行政面积的百分比（%）	城市	湖泊面积占行政面积的百分比（%）
都昌县	37.94	武宁县	7.84	弋阳县	3.13
余干县	30.67	丰城市	7.47	崇仁县	3.05
南昌县	24.617	余江县	7.33	金溪县	3.03
湖口县	23.267	高安市	5.72	奉新县	2.85
进贤县	22.477	万年县	5.60	贵溪市	2.61

城市	湖泊面积占行政面积的百分比（%）	城市	湖泊面积占行政面积的百分比（%）	城市	湖泊面积占行政面积的百分比（%）
星子县	21.54	东乡县	5.42	横峰县	2.57
鄱阳县	20.17	安义县	5.37	婺源县	2.29
九江市区	17.95	南城县	5.21	靖安县	1.93
新建县	17.11	瑞昌市	4.85	乐安县	1.90
九江县	16.22	新干县	4.73	宜黄县	1.56
鹰潭市区	11.66	乐平市	4.45	浮梁县	1.54
彭泽县	10.77	抚州市区	4.41	永修县	1.37
南昌市区	9.81	德安县	3.70	资溪县	0.74
樟树市	9.61	景德镇市区	3.40	德兴市	0.00

在 ArcGIS 中，根据自然间断点分割法把环鄱阳湖区 42 个城市区域水资源状况分为 5 个等级区间，其中 0 ~ 3.400% 为水资源稀缺地区，3.401% ~ 5.720% 为水资源较少地区，5.721% ~ 11.660% 为水资源中等地区，11.661% ~ 24.618% 为水资源较丰富地区，24.619% ~ 37.940% 为水资源丰富地区。具体情况见图 4 - 2。

从图 4 - 2 中可以得出以下结论。一是，环鄱阳湖区水资源含量丰富的城市有两个，分别是都昌县和余干县；水资源含量较丰富的地区有 8 个，分别为南昌县、湖口县、进贤县、星子县、鄱阳县、九江市区、新建县和九江县；水资源中等地区有 7 个，具体有鹰潭市区、彭泽县、南昌市区、樟树市、武宁县、丰城市、余江县；水资源较少的地区有 10 个，分别有高安市、万年县、东乡县、安义县、南城县、瑞昌市、新干县、乐平市、抚州市区和德安县；水资源稀缺的地区有 15 个，包括景德镇市区、弋阳县、崇仁县、金溪县、奉新县、贵溪市、横峰县、婺源县、靖安县、乐安县、宜黄县、浮梁县、永修县、资溪县和德兴市。二是，水资源含量丰富和较丰富的地区全都处在环鄱阳

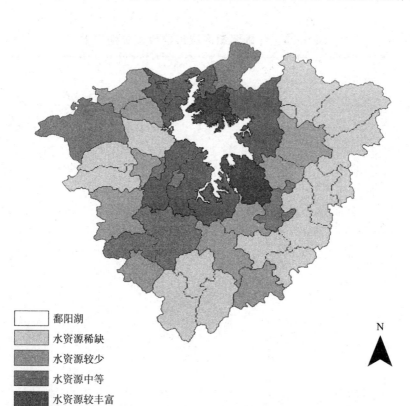

图 4 - 2　环鄱阳湖区各城市水资源含量情况（2010 年）

资料来源：中国行政区划矢量图。

湖区的核心区，而环鄱阳湖区外围区的 8 个地区均属于水资源较少和
稀缺两个等级。

二　城市群城市规模结构分形现状

本书根据我国划分城市人口规模级别的现行标准将环鄱阳湖区内
城市按区域人口总量进行分级，在分析中使用市区非农人口作为城市
规模的特征量，并对环鄱阳湖区 42 县市的规模进行描述，从而得出其
城市群规模级别结构（见表 4 - 2）和非农人口排序。

表 4 – 2　环鄱阳湖区城市群规模级别构成

城市级别	划分标准（万人）	城市		市区非农人口	
		数量（个）	比重	数量（万人）	比重
2005 年 超大城市	200 万 ~ 400 万人	1	2.38%	166.79	26.85%
特大城市	100 万 ~ 200 万人	3	7.14%	79.75	12.84%
大城市	50 万 ~ 100 万人	10	23.81%	163.18	26.27%
中等城市	20 万 ~ 50 万人	23	54.76%	183.20	29.49%
小城市	<20 万人	5	11.90%	28.24	4.55%
总计		42	100%	621.16	100%
城市级别	划分标准（万人）	城市		市区非农人口	
		数量（个）	比重	数量（万人）	比重
2010 年 超大城市	200 万 ~ 400 万人	1	2.38%	175.4	25.13%
特大城市	100 万 ~ 200 万人	4	9.52%	102.1	14.63%
大城市	50 万 ~ 100 万人	9	21.43%	184.25	26.39%
中等城市	20 万 ~ 50 万人	25	59.52%	223.2	31.97%
小城市	<20 万人	3	7.14%	13.1	1.88%
总计		42	100%	698.05	100%

　　由表 4 – 2 分析可知，研究期内环鄱阳湖区城市群的规模结构总体来说呈"橄榄形"，超大城市始终只有南昌市一个，且区内城市是向上发展的，如相比 2005 年，2010 年有 1 个（余干县）大城市发展为特大城市，中等城市则增加了 2 个，相应的，小城市也减少了 2 个。

2010 年，从非农人口数量来看，仅有的超大城市非农人口占了环鄱阳湖区非农人口的 1/4，特大城市平均每个城市非农人口数约是大城市的 1.2 倍，平均每个大城市的非农人口则是中等城市的 2.2 倍，小城市个数少，人口规模小，非农人口数所占比例非常低。由 2010 年环鄱阳湖区的非农人口排序（见表 4 - 3）提供的信息来看，城市级别越高，非农人口越多。由表 4 - 3 数据可以发现，九江市区的城市级别为Ⅲ级中等城市，然而其非农人口为 50.35 万人，且九江市区非农人口约占其总人口的 78%，非农人口的排序在整个环鄱阳湖区城市群中居第 2 位，远远超过了其他Ⅲ级城市，而其他Ⅲ级城市的规模相差不大，并且在研究期的其他时段中也表现相似。

表 4 - 3 环鄱阳湖区 2010 年非农人口排序

城市	级别	非农人口		排序		城市	级别	非农人口		排序	
		原值（万人）	ln 值	原值	ln 值			原值（万人）	ln 值	原值	ln 值
南昌市区	Ⅰ	175.4	5.17	1	0.00	余江县	Ⅳ	8.2	2.10	22	3.09
南昌县	Ⅲ	23.2	3.14	6	1.79	贵溪市	Ⅲ	16.4	2.80	11	2.40
新建县	Ⅲ	13.4	2.60	14	2.64	崇仁县	Ⅳ	7.7	2.04	25	3.22
进贤县	Ⅲ	12.4	2.52	16	2.77	金溪县	Ⅳ	5.5	1.70	35	3.56
九江市区	Ⅲ	50.35	3.92	2	0.69	丰城市	Ⅱ	33.8	3.52	5	1.61
九江县	Ⅳ	6	1.79	34	3.53	樟树市	Ⅲ	14.5	2.67	12	2.48
星子县	Ⅳ	4.5	1.50	38	3.64	高安市	Ⅲ	21.2	3.05	7	1.95
永修县	Ⅳ	9.4	2.24	20	3.00	弋阳县	Ⅳ	7.6	2.03	27	3.30
湖口县	Ⅳ	6.7	1.90	31	3.43	万年县	Ⅳ	7.5	2.01	28	3.33
德安县	Ⅴ	5.3	1.67	36	3.58	奉新县	Ⅳ	8.9	2.19	21	3.04
都昌县	Ⅲ	12.1	2.49	17	2.83	安义县	Ⅳ	7.7	2.04	26	3.26
东乡县	Ⅳ	12.8	2.55	15	2.71	靖安县	Ⅴ	4.8	1.57	37	3.61
余干县	Ⅳ	14.4	2.67	13	2.56	武宁县	Ⅳ	6.8	1.92	30	3.40

城市	级别	非农人口		排序		城市	级别	非农人口		排序	
		原值（万人）	ln 值	原值	ln 值			原值（万人）	ln 值	原值	ln 值
鄱阳县	Ⅱ	18.3	2.91	9	2.20	新干县	Ⅳ	7.9	2.07	24	3.18
瑞昌市	Ⅳ	10.6	2.36	18	2.89	乐安县	Ⅳ	8	2.08	23	3.14
彭泽县	Ⅳ	6.4	1.86	32	3.47	宜黄县	Ⅳ	3.5	1.25	40	3.69
景德镇市区	Ⅳ	39.5	3.68	3	1.10	南城县	Ⅳ	7.5	2.01	29	3.37
浮梁县	Ⅳ	3.4	1.22	41	3.71	资溪县	Ⅴ	3	1.10	42	3.74
乐平市	Ⅲ	20.7	3.03	8	2.08	横峰县	Ⅳ	4	1.39	39	3.66
抚州市区	Ⅱ	35.6	3.57	4	1.39	德兴市	Ⅳ	10.4	2.34	19	2.94
鹰潭市区	Ⅳ	16.5	2.80	10	2.30	婺源县	Ⅳ	6.2	1.82	33	3.50

注：Ⅰ代表超大城市，Ⅱ代表特大城市，Ⅲ代表大城市，Ⅳ代表中等城市，Ⅴ代表小城市，城市级别由Ⅰ至Ⅴ逐渐降低。

M. Jefferson 早在 1939 年即对国家城市规模分布规律做出了概括，即城市首位度。首位度一定程度上代表了城市体系中的人口在大城市的集中程度，可以用来衡量城市规模分布状况，首位度大的城市规模分布就是首位分布。根据表 4 - 3 数据计算首位度和四城市指数：

$$S_2 = \frac{P_1}{P_2} = \frac{175.4}{50.35} = 3.48 \qquad (4-1)$$

$$S_4 = \frac{P_1}{P_2 + P_3 + P_4} = 1.40 \qquad (4-2)$$

计算结果表明环鄱阳湖区二城市指数为 3.48，四城市指数为 1.40。根据位序 - 规模法则，城市规模结构的理想状态应是二城市指数为 2，四城市指数为 1，参照这一标准，环鄱阳湖区城市群的指数均超过理想状态，表明环鄱阳湖区城市群首位城市南昌的垄断性较强，可能呈现中度首位型分布。

第二节　环鄱阳湖城市群城市异速增长过程

一　湖区面积和水质分形过程

自古以来，河流及湖泊就是人类最重要的活动场所，古代文明多是依托河湖区域发展起来的，如古埃及文明发源于尼罗河流域，古巴比伦文明则是在幼发拉底河和底格里斯河两个河流流域发展起来的，古印度文明起源于印度河和恒河流域，最为人熟悉的中国古文明也是发源于河流流域——黄河流域和长江流域。由于河流和湖泊的流域受地形、地貌和人类活动等的影响，所以对河流及湖泊等面状水体发展形态的研究具有非常重大的理论和现实指导意义。

（1）分形理论。分形理论对于解释自然界中复杂不规则的要素具有显著的效果，到目前为止，世界上许多学者对河流、湖泊和水库等面状水体进行了分形研究。

研究主要利用测度关系求湖泊的分形维数，即面积－周长法，又被称为小岛法。空间几何不规则图形周长和面积具有以下关系：

$$P \propto A^{1/2} \tag{4-3}$$

其中，P 为不规则图形的周长，A 为不规则图形的面积。曼德布罗特认为自然界中的小岛的面积和周长之间存在下面的关系：

$$P^{1/D} \propto A^{1/2} \tag{4-4}$$

其中，D 为图形的分形值，P 为不规则图形的周长，A 还是指不规则图形的面积。对式（4-4）取对数得到：

$$\ln P = C + \frac{D}{2}\ln(A) \tag{4-5}$$

其中，C 为常数。分形值 D 的大小可以反映出面状水体发育程度的好坏，分形值 D 越大，表示面状水体发育得越完善，分形值 D 越小，表明面状水体的发育状况越薄弱。

（2）鄱阳湖的湖泊面积分形分析。本书数据源于遥感影像、2005年及 2010 年的《江西省统计年鉴》和政府信息公开数据。其中，遥感影像具有真实性强、信息量大、视野广阔、面积大、概括性强、易于了解地貌的特点。首先，本书获取 2005 年和 2010 年的 Landsat TM影像，影像获取要求：遥感影像的轨道经度范围为东经 120°至东经122°，纬度范围为北纬 39°至北纬 41°，分辨率为 30 米并且覆盖环鄱阳湖区，最重要的一点是遥感影像上面无大面积云层覆盖，影像清晰，易分辨。其次，本书对获取的遥感影像进行预处理，包括 TM 遥感影像的几何校正、影像平移、裁剪、拼接等。通过遥感影像的预处理，本书得到环鄱阳湖区 2005 年和 2010 年整体遥感影像图，然后运用 ArcGIS 中的 ArcInfo Workstation 软件对环鄱阳湖区的遥感影像进行土地分类地物解译，地物目视解读按照"中国华中地区（湖南、湖北、江西）陆地卫星 TM 假彩色数据土地资源信息提取标志"进行地物判读，并且在读取某一地域过程中，要结合对应的 Google Earth 影像和地理常识进行纠正判读，在解读完成后，还要进行解译查错等，进一步检验土地分类结果准确性。最后，本书通过 ArcMap 提取出土地利用类型信息的面积和周长数据，为了形象地显示出环鄱阳湖区土地类型利用情况，进一步对其进行地图可视化。

本书分别把 2005 年和 2010 年整个环鄱阳湖区及环鄱阳湖区三分区的湖泊面积和周长数据取对数值，然后导入 SPSS 软件进行线性回归分析，回归结果见表 4 - 4，并在 ArcGIS 中，对分区数据进行可视化显示（见图 4 - 3）。

从表 4 - 4 和图 4 - 3 可以看出，环鄱阳湖区湖泊面积分形具有以下规律。

表4-4　环鄱阳湖区湖泊面积-周长线性回归方程及分形值

区域	方程	分形值 D	相关系数
核心区	$\ln P = -0.522 + 0.522\ln A$	1.044	0.619
边缘区	$\ln P = 9.579 + 0.532\ln A$	1.064	0.511
外围区	$\ln P = 4.381 + 0.221\ln A$	0.442	0.307
2005年整体	$\ln P = 7.345 + 0.065\ln A$	0.130	0.091
2010年整体	$\ln P = 4.219 + 0.226\ln A$	0.452	0.154

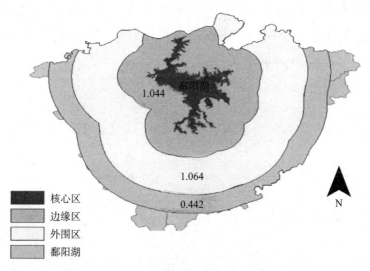

图4-3　湖泊面积分形空间分异情况

资料来源：中国行政区划矢量图。

从时间序列上看，2005年和2010年湖泊面积与周长线性回归相关系数 R 都小于0.5，回归结果不显著。2005年和2010年湖泊分形值 D 均比较小，这进一步说明环鄱阳湖区湖泊发育程度不是那么理想；另外，2010年的湖泊分形值大于2005年的湖泊分形值，从整体上说明了环鄱阳湖区湖泊发育状况逐渐完善。

从空间分析上看，三区湖泊面积分形值呈现边缘区大于核心区大于外围区的趋势。环鄱阳湖区核心区和边缘区的湖泊面积与周长线性回归效果相对较显著。核心区和边缘区湖泊分形值 D 均比较大，即核心区和边缘区湖泊发育比较完善；外围区线性拟合效果不显著，湖泊面积分形值为 0.422，说明外围区湖泊发育状态较弱。这进一步说明离鄱阳湖距离越近的区域湖泊发育状况越好，反之，湖泊发育状况越差。

（3）鄱阳湖的湖泊水质分形分析。湖泊系统非常复杂，且湖泊环境要素之间具有非线性的关系。分形维数主要分为关联维数、相似维数、盒子维数、Hausdorff 维数等。本章基于分形理论，采用关联维数来计算湖泊水质污染问题。在湖泊水质研究中，本书假设被研究水域的水质指标数据 X_i 的向量为：

$$X_i = (X_{i1}, X_{i2}, \cdots, X_{in})$$

首先，本书根据需要建立 1~7 维相空间（最多可达 9 维或者更大些）：

$$
\begin{array}{ccccccc}
X_{i1}, & X_{i1}, & X_{i2}, & X_{i1}, & X_{i2}, & X_{i3}, & \cdots, & X_{i7} \\
X_{i2}, & X_{i2}, & X_{i3}, & X_{i2}, & X_{i3}, & X_{i4}, & \cdots, & X_{i8} \\
\cdots \\
X_{in}, & X_{in-1}, & X_{in}, & X_{in-6}, & X_{in-5}, & X_{in-4}, & \cdots, & X_{in}
\end{array}
$$

一维相空间　二维相空间　　　　　　　　　　　七维相空间

建立维相空间后，分别计算每维相空间两点之间的距离 $r_{p,q}(s)$，公式为：

$$r_{p,q}(s) = \sqrt{\sum_{k=1}^{s}(X_{pk} - X_{qk})^2} \tag{4-6}$$

其中，$p, q = 1, 2, \cdots, n-s+1$（不同相空间的点数 - 列数）；$s = 1, 2, \cdots, \omega$（相空间维数），其中 ω 是最大维相空间的维数。

每维相空间两点之间平均距离的计算公式如下：

$$\Delta X_s = \sum_{p=1}^{n-s+1} \sum_{p=1}^{n-s+1} \frac{r_{p,q}(s)}{(n-s+1)^2}, (s = 1, 2, \cdots, w) \tag{4-7}$$

计算每维相空间两点之间距离小于 $r_{s,k}$ 的概率 $C_k(s)$，计算公式如下：

$$C_k(s) = \frac{1}{(n-x+1)^2} \sum_p \sum_q H[r_{s,k} - r_{p,q}(s)] \tag{4-8}$$

其中，$r_{s,k}$ 为距离上限，H 为 Heaviside 函数。且 $r_{s,k}$ 和 Heaviside 函数的值按下面公式确定：

$$r_{s,k} = \frac{k}{10} \Delta X_s, (k = 1, 2, \cdots, 14) \tag{4-9}$$

$$H[r_{s,k} - r_{p,q}(s)] = \begin{cases} 1, r_{s,k} - r_{p,q}(s) \geq 0 \\ 0, r_{s,k} - r_{p,q}(s) < 0 \end{cases} \tag{4-10}$$

如果存在分形关系，则有 $C_k(s) \propto r_{s,k}(s)^D$。其中，分形值越大，说明该区域水污染越严重。$D_s = \lim\limits_{r_{s,k} \to 0} \frac{\ln C_k(s)}{\ln r_{s,k}}$ 分形值越大，说明该区域水污染越严重。

根据数据获取的可得性及代表性，本书选取了核心区的九江市区赛城湖闸下、南昌市区滨江宾馆、进贤县李渡镇鉴良村、东乡县铁路桥下、余干县梅港乡梅港村、永修县王家河入口、湖口县双钟镇三里街和湖口县万佳码头 8 个点的水质数据，边缘区的彭泽县马垱镇、樟树市沿江路大码头、丰城市城关镇、樟树市张家山乡、高安市筠阳镇南街、抚州市区文昌桥下、抚州市区抚北镇洋坡石村、贵溪市铁路桥下、鹰潭市区化工厂下、景德镇市区吕蒙渡口、乐平市洎阳桥、万年县石镇街水文站和景德镇市区潭口水文站 13 个地点的水质数据，外围区的德兴市香屯水文站和德兴市天门村 2 个点的水质数据作为来源进

行计算。其中，监测水质污染数据分为 5 个等级，数值越高代表污染
情况越严重。研究区域水质数据及水质分形值见表 4 - 5。

表 4 - 5　环鄱阳湖区水质污染情况

区域	水质数据监测	水质数据		水质分形值 D
		2005 年（等级）	2010 年（等级）	
核心区	九江市区赛城湖闸下	3	3	1.121
	南昌市区滨江宾馆	3	5	
	进贤县李渡镇鉴良村	2	3	
	东乡县铁路桥下	5	5	
	余干县梅港乡梅港村	5	3	
	永修县王家河入口	2	2	
	湖口县双钟镇三里街	3	5	
	湖口县万佳码头	3	3	
边缘区	彭泽县马垱镇	3	2	1.032
	樟树市沿江路大码头	3	3	
	丰城市城关镇	4	2	
	樟树市张家山乡	4	5	
	高安市筠阳镇南街	4	3	
	抚州市区文昌桥下	2	2	
	抚州市区抚北镇洋坡石村	3	1	
	贵溪市铁路桥下	2	3	
	鹰潭市区化工厂下	5	2	
	景德镇市区吕蒙渡口	5	5	
	乐平市泊阳桥	2	5	
	万年县石镇街水文站	5	5	
	景德镇市区潭口水文站	2	2	

区域	水质数据监测	水质数据		
		2005 年（等级）	2010 年（等级）	水质分形值 D
外围区	德兴市香屯水文站	2	3	1.332
	德兴市天门村	3	4	
整体	水质分形值 D	1.004	0.995	

从水质状况的时间序列上看，环鄱阳湖区水质具有以下规律：2005 年和 2010 年环鄱阳湖区水质污染情况相差不大；核心区和外围区湖泊水质污染情况 2010 年比 2005 年严重，边缘区湖泊污染状况有所改善。2005 年湖泊水质分形值为 1.004，2010 年湖泊水质分形值为 0.995，表明 2010 年研究区域的湖泊水质有改善的趋势。主要原因是环鄱阳湖区把经济发展与环境保护有效地结合起来，在经济发展的同时，要更加注重水环境等生态环境的保护与治理，开创一条绿色经济发展道路，这样有利于该区域的可持续发展。

从水质状况的空间分异看，环鄱阳湖区水质具有以下规律：湖泊水质分形值具有外围区大于核心区大于边缘区的规律，即外围区水污染大于核心区大于边缘区。这主要是受鄱阳湖水环境的影响，核心区域的人口活动比外围区活跃，经济比边缘区发达，对自然环境的作用力也比较大，所以核心区的水污染程度大于边缘区。外围区水污染程度最大主要是因为距鄱阳湖较远，外围区域湖泊及河道直流比较少，水资源总量比较稀少，水生态系统更加脆弱，人类活动对水资源系统产生的影响就比较大。

二 城市群城市等级规模结构分形（分维）过程

（1）数据分析：将 2000～2010 年环鄱阳湖区城市非农人口数据排序后，对数化数据点（r_i，P_i），其中 r_i 为城市 i 在城市体系中的位序，P_i 为位序为 r_i 的人口规模。以 2010 年数据为例，将表 4 - 3 中的对数化数据点描绘成散点图（见图 4 - 4），发现位序与规模间存在明显的线性关系，进而对已有数据点做线性拟合。

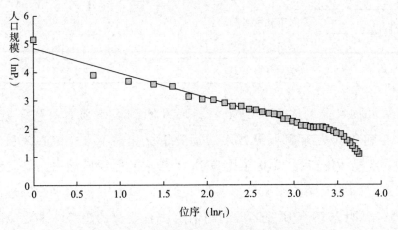

图 4 - 4　2010 年位序 - 规模散点分布

（2）结果分析得出 2010 年的拟合结果为：$\ln P_i = 4.908 - 0.907\ln r_i$，其中相关系数为 $R^2 = 0.9658$。由此可知 $q = 0.907$，豪斯道夫分维指数为 $D = R^2/q = 1.06$。同样的方法应用于 2000 ~ 2010 年的数据，从而得到研究期内所有年份的分维值和相关系数如表 4 - 6 所示。

表 4 - 6　环鄱阳湖区城市群等级规模分布维数变化

年份	q	相关系数 R^2	D	方程
2000	0.891	0.9655	1.084	$\ln P_i = 4.624 - 0.8910\ln r_i$
2001	0.8776	0.9744	1.110	$\ln P_i = 4.624 - 0.8776\ln r_i$
2002	0.8757	0.9772	1.110	$\ln P_i = 4.672 - 0.8757\ln r_i$
2003	0.8908	0.9723	1.091	$\ln P_i = 4.722 - 0.8908\ln r_i$
2004	0.8905	0.9681	1.087	$\ln P_i = 4.760 - 0.8905\ln r_i$
2005	0.9186	0.9683	1.054	$\ln P_i = 4.796 - 0.9054\ln r_i$
2006	0.9054	0.9694	1.071	$\ln P_i = 4.804 - 0.9054\ln r_i$

年份	q	相关系数 R^2	D	方程
2007	0.8843	0.9623	1.088	$\ln P_i = 4.820 - 0.8843\ln r_i$
2008	0.8797	0.9623	1.094	$\ln P_i = 4.826 - 0.8797\ln r_i$
2009	0.8971	0.9619	1.072	$\ln P_i = 4.896 - 0.8971\ln r_i$
2010	0.907	0.9658	1.065	$\ln P_i = 4.908 - 0.9067\ln r_i$

对表 4 - 6 结果进行分析，发现 2000 ~ 2010 年的相关系数均大于
0.96，散点与回归直线拟合较好，环鄱阳湖区城市群的等级分布具有
明显的分形特征。分析表 4 - 6 中的 q 值与 D 值，发现 D 值在研究期
内始终有 $D > 1$，这表明环鄱阳湖区城市群的城市规模分布是比较集中
的，人口分布也较为均衡，处于中间位序的城市数量较多，整个城市
的发育是比较成熟的。在 10 年的演化过程中，D 值不断减小，有不断
趋近于 1 的趋势。而当 $D = q = 1$ 时，城市地理学的含义为区域内的首
位城市与最小城市的人口规模之比恰好等于区域内整个城市体系的数
量，城市规模分布呈"金字塔"形，是自然状态下的最优分布。D 的
这一不断向 1 靠近的趋势表明环鄱阳湖区城市群的城市规模正在原基
础上不断向理想型优化。然而从另一个角度来看，分维值的减少意味
着中小城市的发展要慢于大城市，城市规模分布趋于分散。在表 4 - 2
中可以看到 5 年间环鄱阳湖区的中小城市始终为 28 个，且小城市数量
因向中等城市转化而减少（由 2005 年的 5 个降至 2010 年的 3 个，横
峰县和鹰潭市因辖区人口规模扩大跨入中等城市门槛）。在这一情形
下大城市的发展仍快于中小城市，小城市人口规模还将不断缩小。通
过图 4 - 4 可以发现，在趋势线的末端突然有明显的下挫，这表明环鄱
阳湖区城市群内的小城市的发展水平不高，与规模位序构成的"金字
塔"结构相比，小城市数量过少，真正的均衡发展需要弥补这一不
足。另外，虽然环鄱阳湖区城市群的城市规模结构在不断趋于均衡，
但是首位城市南昌的集聚优势明显，仍然处于主导地位，低等级的城

市要发展到和首位城市相协调还需时日，但与 $D=q=1$ 的最优等级规模分布的距离也许并不算遥远。

通过以上对环鄱阳湖区城市群规模结构的分析可知，环鄱阳湖区城市群的城市规模分布较为集中，中间位序的城市较多，首位城市南昌的垄断性较强，区域内的非农人口过于集中在金字塔上部的城市，位于金字塔底部的中小城市则不够发达，似乎不够支撑金字塔的稳定性。从计算的结果来看，环鄱阳湖区的首位度超过理想状态值，但豪斯道夫指数又没有相应地小于 1，这表明环鄱阳湖区城市群虽不属于人口分布差异大的首位型分布，却也一定程度上表现出首位型分布的某些特征，如小城市在城市体系中很不发达。在这一情况下，辅之以 D 值虽大于 1 但逐渐逼近于 1 的变化，可以大致认为环鄱阳湖区城市群有向高度首位型分布发展的趋势。

第三节　环鄱阳湖城市群城市异速增长规律

异速增长分析可以从外部描述系统之间的关系，通过异速增长系数这一标度来进行判断。在下面的分析中，本书将对反映城市规模结构的非农人口指标与经济、生活和空间的代表指标分别进行异速增长分析，其中比率类指标不与实际数值指标进行分析。本书将在两个系统内指标分析完成之后，再进一步计算出两系统之间的异速增长系数。

参照陈彦光等（2001）的研究，本书用如下组合的方程组描述其动力学过程：

$$\begin{cases} \dfrac{\mathrm{d}x_i}{\mathrm{d}t} = f_i(x_1, x_2, x_3, x_4) \\ x_i(t_0) = x_i^{(0)}, i = 1, 2, \cdots, n \end{cases} \qquad (4-11)$$

其中 $\dfrac{\mathrm{d}x_i}{\mathrm{d}t}$ 为城市化的某种测速，为 $x_i^{(0)}$ 系统初值。选取两种测度且

经过 Taylor 级数展开并约简后，从式（4-11）中导出二元方程组：

$$\frac{\mathrm{d}x_i}{\mathrm{d}t} = ax_i, \frac{\mathrm{d}x_j}{\mathrm{d}t} = bx_j \qquad (4-12)$$

由此便可得 x_i 与 x_j 异速增长的动力相似模型：

$$\frac{\mathrm{d}x_i}{\mathrm{d}t} = \alpha \frac{x_i}{x_j} \frac{\mathrm{d}x_j}{\mathrm{d}t} \qquad (4-13)$$

其中，$\alpha = a/b$ 即为异速增长系数，或标度因子，a、b 分别为 x_i 与 x_j 的增长系数。在式（4-13）消去 $\mathrm{d}t$ 后再两边积分，可化为通常所说的异速方程：

$$x_i = \beta x_j^{\alpha} \qquad (4-14)$$

进而得到对数线性关系：

$$\ln x_i = \ln\beta + \alpha\ln x_j \qquad (4-15)$$

其中，α 为异速增长系数，$\ln\beta$ 为常数项（$\beta = e^c$，c 为积分常数）。

研究中使用的数据来源于 2001～2011 年《江西统计年鉴》、《中国城市统计年鉴》、各地市政府工作报告等相关资料以及谷歌卫星地图。

一 人口-经济发展水平的城市异速增长规律

人口城市化与经济城市化无疑是密切相关的。城市化初始阶段，人口开始从乡村向城市迁移，脱离农耕转而通过从事各项工业劳动生产出满足人类生活的各种物质资源，创造社会经济效益；随着城市工业的迅速发展和逐渐成熟，更多的人进入城市提供生活服务，社会的经济效益进一步提升。人口不足时，不能提供足够的劳动力用于生产和提供服务，难以满足经济发展的需求。当人口过多时，劳动力市场供过于求，产生就业压力，若疏散不当容易引发社会矛盾；且人们对社会资源的需求过多，人均拥有的资源空间被大大压缩，在劳动的边际效率递减规律作用下，经济效率无法进一步提高甚至下降。由此可知，人口是作用于经济总量的一个重要因素，本书需要对人口和经济城市化进行异速增长分析。

由于城镇人口较难收集全面，因而人口城市化指标用非农人口数代替。本书接下来对人口城市化指标与经济城市化指标进行异速增长分析。在非农人口与 GDP 的分析中，本书先对各年数据绘图观察，其中截取 2005 年和 2010 年数据取对数绘制散点图如图 4 - 5 所示。

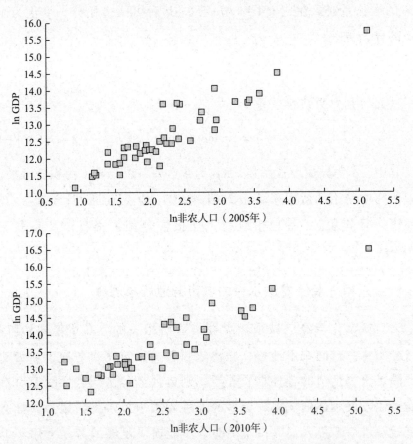

图 4 - 5 环鄱阳湖区城市群非农人口与 GDP 数量关系

从图 4-5 可以看出环鄱阳湖区非农人口数与 GDP 呈对数线性分布，本书尝试进行异速增长分析，在 Matlab 中使用 Trust-region Reflection Newton 算法，在显著水平 95% 上进行估计：

$$GDP = \beta_{11} P^{\alpha_{11}} \qquad (4-16)$$

表 4-7 展示了估计的结果，由于人口指标在垂直方向上也有数据，所以人口的维数是 3（陈彦光等，1999），而经济社会中 GDP 的构成指标繁多，但在国民经济核算中可由第一产业、第二产业和第三产业增加值的加总得出，因而认为 GDP 的维数是 3，式（4-16）的标度因子为 1。观察表 4-7 中数据可知，非农人口 - GDP 的异速增长系数值在 2000~2010 年都大于标度因子 1，且呈震荡上升趋势，表明 GDP 的增长在 11 年间始终快于非农人口的增长，是正异速增长。但 α_{11} 值围绕在 1.2 左右，GDP 的增长相对人口的增长来说相对稳定，可以认为人口不断进入城市，为城市创造了相应的产品和服务增值，还没有出现人口过多导致出现种种社会问题的情境，可认为非农人口与 GDP 的发展是稳健的。

表 4-7 非农人口 - GDP 异速增长方程

年份	β_{11}	α_{11}	R^2
2000	1.413e + 004	1.099	0.9627
2001	1.233e + 004	1.142	0.9731
2002	1.408e + 004	1.135	0.9736
2003	1.04e + 004	1.223	0.9672
2004	9302	1.274	0.9674
2005	1.866e + 004	1.159	0.9628
2006	1.165e + 004	1.275	0.9411
2007	1.847e + 004	1.214	0.9537

年份	β_{11}	α_{11}	R^2
2008	$1.383e+004$	1.304	0.9269
2009	5310	1.51	0.8852
2010	$2.194e+004$	1.27	0.942

注：e+004 代表 10 的 4 次方。

本书对非农人口和城镇固定资产投资完成额指标进行异速增长分析，对环鄱阳湖区 2000~2010 年数据取对数画出散点图可观察到两者呈对数线性分布，因而可以尝试进行异速增长分析，在 Matlab 中使用 Trust-region Reflection Newton 算法，在显著水平 95% 上进行估计：

$$GDZC = \beta_{12}P^{\alpha_{12}} \tag{4-17}$$

由于城镇固定资产投资也有垂直方向上的数据，因而认为其维度可以同样假设为 3，从而标度因子为 1。这表明随着人口的增长，城镇固定资产投资也随之增加，而且速度快于非农人口的增长。异速增长系数 α_{12} 的值均大于 1，均值为 1.27，固定资产投资增长相对于人口增长是较为稳定的，并且有增速增大的趋势（见表 4-8）。

表 4-8 非农人口 - 城镇固定资产投资完成额异速增长方程

年份	β_{12}	α_{12}	R^2
2000	2072	1.075	0.8204
2001	1714	1.202	0.8868
2002	2079	1.244	0.9174
2003	5110	1.086	0.8914
2004	3058	1.352	0.9724
2005	2336	1.452	0.912

年份	β_{12}	α_{12}	R^2
2006	6471	1.291	0.9822
2007	9592	1.244	0.9782
2008	6430	1.37	0.9608
2009	9452	1.356	0.9525
2010	1.572e+004	1.303	0.8616

注：e+004 代表 10 的 4 次方。

本书同样对非农人口和实际利用外商投资指标进行异速增长分析，对环鄱阳湖区 2000~2010 年数据取对数画出散点图可观察到两者呈对数线性分布，在显著水平 95% 上进行估计：

$$WZ = \beta_{13} P^{\alpha_{13}} \tag{4-18}$$

由表 4-9 数据可知，环鄱阳湖区在 2000~2010 年的实际利用外资额与非农人口数是呈正异速增长的。异速增长系数 α_{13} 表明 2000 年环鄱阳湖区城市群缺乏外资投入，而随着城市化进程的不断推进这一系数在不断增加，外资的更多引入使得环鄱阳湖区城市群的发展更为快速。

表 4-9　非农人口-实际利用外商投资额异速增长方程

年份	β_{13}	α_{13}	R^2
2000	22.95	0.9627	0.7215
2001	18.5	1.287	0.8172
2002	34.25	1.378	0.8531
2003	46.35	1.388	0.938
2004	21.7	1.551	0.948
2005	14.83	1.647	0.9415
2006	46.62	1.434	0.9412
2007	58.67	1.412	0.9459

年份	β_{13}	α_{13}	R^2
2008	52.9	1.459	0.9438
2009	44.73	1.514	0.9646
2010	53.47	1.531	0.9336

本书最后对非农人口和社会消费品零售总额进行异速增长分析，对环鄱阳湖区 2000~2010 年数据在显著水平 95% 上进行估计：

$$LS = \beta_{14}P^{\alpha_{14}} \tag{4-19}$$

从非农人口和社会消费品零售总额的异速增长系数来看，随着城市非农人口的增多，社会消费品的消费也随之呈正异速增长关系。异速增长系数 α_{14} 的变化也呈现某种规律，在 2005 年突然降至 1.046，此后又逐渐回升。

表 4-10　非农人口-社会消费品零售总额异速增长方程

年份	β_{14}	α_{14}	R^2
2000	560.7	1.741	0.9942
2001	3309	0.7662	0.8472
2002	975.5	1.483	0.9794
2003	1515	1.404	0.9747
2004	1177	1.47	0.9847
2005	5414	1.046	0.8222
2006	6225	1.202	0.9915
2007	7311	1.189	0.9917
2008	4523	1.33	0.9873
2009	8307	1.247	0.9824
2010	9135	1.263	0.9921

二　人口 – 生活发展水平的城市异速增长规律

城市化是一种现代文明的表现，城市中运转良好的水电系统为居民提供舒适的生活，通信邮电系统使信息、资源等交流高效快捷，不断完善的医疗体系保障人们的健康，教育设施与资金的集中投放则为社会的进步贡献力量。现代文明的城市为人类创造了良好的生活环境。然而从人口与生活城市化的角度来看，水电、通信等行业通常具有规模效应，需要大量人口的支撑。人口不足将无法带动这些行业的发展，水电、通信网的铺设进度会缓慢且不完善，医疗和教育资源也将匮乏；而人口过多将造成对有限资源的争夺，生活质量下降，对社会产生极大的负担。由此可见，生活城市化的发展受到人口增长的制约，本书有必要对人口和生活城市化进行异速增长分析。

本书选取人口城市化和生活城市化的代表性指标进行异速增长分析，首先对非农人口和年末固定电话数指标进行异速增长分析。和上面的分析方法类似，本书对各年数据绘图观察，发现数据大致呈对数线性分布，2010 年数据取对数绘制散点图如图 4 – 6 所示。

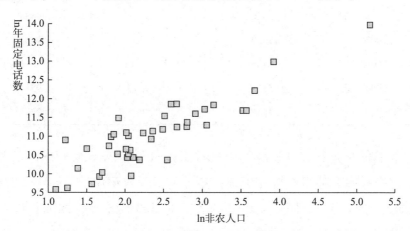

图 4 – 6　环鄱阳湖区城市群非农人口与年末固定电话数量关系（2010 年）

本书尝试进行异速增长分析，在 Matlab 中使用 Trust-region Reflection Newton 算法，在显著水平 95% 上进行估计：

$$DH = \beta_{21} P^{\alpha_{21}} \qquad (4-20)$$

观察表 4-11 中数据发现除 2008 年结果异常外，其他各年的异速增长系数大多分布在 1.06 附近，接近于 1，略去 2008 年的异常数据，可以近似地认为非农人口数与年末固定电话数同速增长，在 2000 ~ 2010 年环鄱阳湖区城市化进程中基本保障了人们的通信需求，通信行业达到一定规模，并且其规模扩张速度与人口增长速度持平。

表 4-11　非农人口 - 年末固定电话数异速增长方程

年份	β_{21}	α_{21}	R^2
2000	1364	1.21	0.9178
2001	3804	1.015	0.9795
2002	3257	1.065	0.964
2003	4264	1.052	0.9545
2004	5609	1.027	0.9484
2005	6381	1.011	0.9091
2006	6946	1.001	0.9493
2007	5080	1.072	0.9463
2008	6425	0.7399	0.7816
2009	5323	1.045	0.9574
2010	4846	1.06	0.9587

本书再对非农人口和医院床位数指标进行异速增长分析，以考察城市化进程中人们享有医疗资源的情况，对环鄱阳湖区 2000 ~ 2010 年数据取对数画出散点图可观察到两者呈对数线性分布，因而可以尝试进行异速增长分析。本书在 Matlab 中使用 Trust-region Reflection Newton 算法，在显著水平 95% 上进行估计：

$$YL = \beta_{22}P^{\alpha_{22}} \tag{4 - 21}$$

表 4 - 12 中数据说明 2000 ~ 2010 年，除了 2003 年异速增长系数为 1.019 以外，其余都略小于 1，医院床位数的增长总体上稍慢于非农人口的增长，城市化进程中对城镇居民的医疗保障还需要更多投入，人们对医疗资源的分享力度还需加强。

表 4 - 12 非农人口 - 医院床位数异速增长方程

年份	β_{22}	α_{22}	R^2
2000	106.6	0.9422	0.9639
2001	97.96	0.9499	0.9491
2002	97.86	0.9487	0.9499
2003	69.25	1.019	0.9695
2004	108	0.989	0.8867
2005	141.5	0.923	0.8724
2006	154.8	0.9068	0.8663
2007	86.32	0.9339	0.9692
2008	85.01	0.9481	0.9852
2009	82.8	0.9625	0.9888
2010	107	0.9329	0.9765

另外，本书针对非农人口和学校个数进行分析，将 2000 ~ 2010 年环鄱阳湖区 42 个县市的数据分别取对数观察到二者之间不呈对数线性分布，而是过于集中于某一区域，因而不能使用异速增长分析方法，这也从侧面指出随着城市的不断发展建设，有关城市的硬件设施方面投入较多，而对教育的投入相比较之下就显得投入资源过少：一方面，随着城市人口的增多，居民对文化教育的需求逐渐增多；另一方面，本就较少的教育资源被更多的人共同分享而得不到相应的投入和政策支持，这一资源更为稀缺，从而引发了一系列"上学难"的问

题。在今天的社会中常常能够看到很高的入学门槛、外地人口子女本地上学困难等现象，导致这些社会问题发生的根本原因就是教育资源的配置不合理。

三 人口－空间扩展状态的城市异速增长规律

完善的基础设施便于人们的生活与经济的发展，城市化的空间概念主要包括建成区面积、固定资产投资以及交通路网建设等方面。随着城市人口的不断增加，已有城市渐渐变得拥挤，城市建成区的面积不断扩展，同时，城市也需加强基础设施的建设。但有时对人口与经济规模的错误评测，可能导致对城市内基础设施建设的过度支持与重复建设，这便是对有限空间资源的浪费。因而对人口与空间城市化的异速增长分析有其必要性。

有关人口－空间异速增长的研究较多，此处参照梁进社等（2002）学者的研究，使用人口和建成区面积两指标来进行异速增长分析。本书仍旧先将原始数据取对数后画图观察，在历年的数据图中截取 2005 年和 2010 年图像（见图 4－7），可以明显看出两者均呈对数线性分布，因而可以进行异速增长分析。

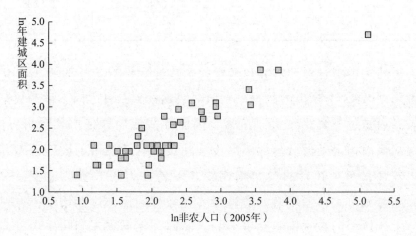

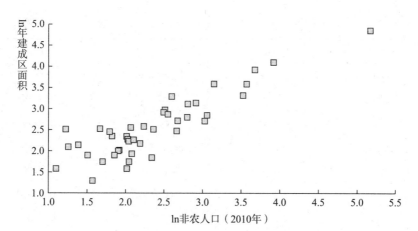

图 4 - 7 环鄱阳湖区城市群非农人口与建成区面积关系

本书在 2000～2010 年环鄱阳湖区非农人口与建成区面积数据收集基础上，在 Matlab 中使用 Trust - region Reflection Newton 算法，在显著水平 95% 上进行估计：

$$A = \beta_3 P^{\alpha_3} \tag{4 - 22}$$

已有研究表明，城市人口和面积的时空关联分析的平均值约为 1.7，故标度因子的平均值约为 0.85（刘明华等，1999）。将表 4 - 13 中异速增长系数与之相比较，发现 2000～2002 年、2004 年、2009～2010 年系数与 0.85 接近，其余年份则相对较低。这可以解释为 2000～2002 年非农人口与建成区面积的增长速度相匹配，接下来的一年中可能人口的大量涌入城市致使现有建成区面积无法满足人口需求，而后为改善这一状况建成区面积开始扩大，城市化也进一步深化，2005～2008 年仍持续这一城市化建设过程，直到 2009 年后，人口与建成区面积的矛盾才得到缓解达到一个新的平衡。

表 4 - 13 非农人口 - 建成区面积异速增长方程

年份	β_3	α_3	R^2
2000	1.428	0.8465	0.8519

年份	β_3	α_3	R^2
2001	1.328	0.8519	0.8874
2002	1.443	0.8313	0.9086
2003	1.785	0.7821	0.9149
2004	1.196	0.938	0.9687
2005	2.008	0.7853	0.9483
2006	2.493	0.7467	0.8582
2007	2.828	0.725	0.8308
2008	3.014	0.7171	0.8079
2009	1.954	0.8881	0.9489
2010	2.144	0.8893	0.954

本书对环鄱阳湖区城市群从人口、经济、生活和空间的角度分别进行了异速增长分析,然而具体的指数间的异速增长分析仍难以把握各系统间的增长规律,将各城市化子系统间的异速增长系数分别加和求平均,得到表4-14。根据前面的计算分析结果,与表4-14中数据相结合,总结出异速增长规律。

一是,在人口-经济发展水平的异速增长分析中,非农人口为人口城市化代表性指标,其增长与GDP、固定资产投资完成额的增长速度相对较为平衡稳定;与实际利用外商投资额的异速增长分析则反映出环鄱阳湖区城市群在城市化进程中对外资的需求呈递增趋势;与社会消费品零售总额的异速增长分析中发现系数有波动现象,可大致反映随着人口的增加,人们对消费品由需求渐渐到饱和再到恢复稳定需求的状态。另外,从表4-14中α_1系数的变化趋势来看,经济对人口始终是正异速增长的,经济的增长速度要快于人口的增长速度,但异速增长系数大部分属于[1.10,1.37]内。

二是,在人口-生活发展水平的异速增长分析中,年末固定电话数、医院床位数和学校个数从通信服务、医疗条件和教育资源三方面描述了环鄱阳湖区城市化的生活情况。分析结果指出，研究期内随着人口的增长，环鄱阳湖区的通信业发展速度与之持平，已具备一定规模；医院床位数的增长总体上稍慢于非农人口的增长，相关部门对城镇居民的医疗保障还需要更多投入；而对教育资源的分享则没能满足由于城市内人口增加而产生的需求，教育资源正变得越来越稀缺，政府应在教育方面加大投入力度。从表 4 - 14 中 α_2 的变化趋势来看，2000~2010 年，生活城市化对人口城市化大部分是正异速增长的，这是一种正常的现象，随着城市化的发展，人们的生活水平逐步得到提高，异速增长系数多分布在 [0.84, 1.10] 内。

　　三是，在人口 - 空间扩展状态的异速增长分析中，根据已有分析方法和研究结果，本书对非农人口和建成区面积进行了分析。环鄱阳湖区 2000~2010 年的人口 - 空间扩展状态异速增长系数 α_3 变化趋势反映出随人口的增加，建成区面积由适宜已有人口居住到渐渐满足不了人口对空间资源的需求，再到逐渐改善的过程。人口与空间扩展的异速增长系数围绕标度因子有较大的波动，表现出 5 年一周期的先降后升规律，并且在周期最后两年系数上升幅度较大。

表 4 - 14　环鄱阳湖区城市群历年异速增长系数

异速增长系数	2000年	2001年	2002年	2003年	2004年	2005年	2006年	2007年	2008年	2009年	2010年
α_1	1.22	1.10	1.31	1.28	1.41	1.33	1.30	1.26	1.37	1.41	1.34
α_2	1.08	0.98	1.01	1.04	1.01	0.97	0.95	1.00	0.84	1.00	1.00
α_3	0.85	0.85	0.83	0.78	0.94	0.79	0.75	0.73	0.72	0.89	0.89

　　注：α_1 为人口 - 经济发展水平异速增长系数，α_2 为人口 - 生活发展水平异速增长系数，α_3 为人口 - 空间扩展状态异速增长系数。

第五章　水环境约束下的环鄱阳湖城市群城市异速增长机制与情景模拟

第一节　环鄱阳湖城市群城市异速增长机制分析

一　城市群城市异速增长的影响因素分析

城市人口、城建面积、基础设施等要素的发展主要受城市区位因素、城市经济因素、基础设施因素和资源禀赋因素的影响。简单来说，区位就是人类行为活动的空间。城市所处的绝对地理位置及城市与其他地理要素所处的相对地理位置与城市的发展关系非常密切。好的区位不仅能够降低城市发展成本，为城市发展谋取最大利益，更能增加城市对于人才、产业等的吸引力，促使城市快速发展。城市经济因素是影响城市增长的一个重要因素。西方发展经济学者认为，经济因素是束缚城市增长和发展的首要条件。基础设施的建设状况对城市的增长也起着主要的作用。完善的基础设施不仅能够缩短产业信息传递时间，降低产品运输成本，增加城市产业发展效益，更为产业集群的发展提供良好的发展平台，增加城市的产业转入吸引力。城市的资源禀赋情况是影响城市发展的决定性因素。城市发展不仅需要充足的自然资源，还需要充足的劳动力资源及资本投入。自然资源为城市发展提供原材料，是地区固有的生产条件，但劳动力资源和资本资源对城市增长的作用更大。这主要是因为劳动力资源是城市发展的灵魂，也决定着城市的创新能力和发展潜力，而资本因素给城市发展其他因素提供必不可少的资金支持，是城市发展的坚强后盾。

城市异速增长影响因素评价主要是指对各城市经济、社会、人口和生活等的发展现状以及它们和城市异速增长系数之间关系的评价。分析水环境约束下环鄱阳湖区的城市异速增长的影响因素需要建立一套明确合理并且可量化的指标，指标体系的构建是分析其影响因素的关键。在构建分析指标时，应遵循科学性原则、全面性原则、可获取性原则及唯一性原则，并尽可能地避免指标之间相互重叠的现象，确保指标之间是相互独立的，且代表性强。

根据上述指标构建的原则，本书从区位分布、经济发展、基础设施和资源禀赋四个层次构建了包含14个指标的城市异速增长影响因素的分析框架（见图5-1）。每个层次所涵盖的指标情况见表5-1。其中区位方面的指标用缓冲区划分图来表示。考虑到鄱阳湖水环境对城市发展的影响，我们根据与鄱阳湖距离的远近，将鄱阳湖周围的三个缓冲区的区位因素用数值1、2、3来量化，位于环鄱阳湖核心区的城市用数值3量化，位于环鄱阳湖边缘区的城市用数值2量化，位于环鄱阳湖外围区的城市用数值1量化。经济发展方面用城市建成区面积（单位：平方公里），地区生产总值（单位：万元），第二、三产业产值比重（单位：%）和人均GDP（单位：元/人）四个指标来代表。资源禀赋方面用非农人口总数（单位：万人），第二、三产业从业人员比重（单位：%），城镇投资额（单位：万元）和实际利用外资额（单位：万美元）四个指标来表示。基础设施方面用境内公路通车里程（单位：公里）、医院床位数（单位：床）、境内国际互联网用户数（单位：户）、人均电话数（单位：个）和学校数（单位：个）来量化。

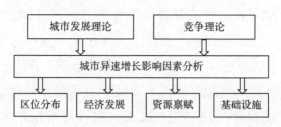

图 5 – 1 城市异速增长影响因素的分析框架

表 5 – 1 城市异速增长影响因素指标体系

指标组	指标
区位分布	缓冲区划分图
经济发展	城市建成区面积，地区生产总值，第二、三产业产值比重，人均 GDP
资源禀赋	非农人口总数，第二、三产业从业人员比重，城镇投资额，实际利用外资额
基础设施	境内公路通车里程、医院床位数、境内国际互联网用户数、人均电话数、学校数

（一）模型选取

作为数据处理方法中的一种有效方法，Logistic 回归分析在多方面得到了广泛的应用，尤其是在医学领域、社会调查领域和生物信息处理领域等。近年来，Logistic 回归模型的应用研究得到进一步扩展。目前，Logistic 模型也被应用到探究城市发展的内部影响因素中。按反映变量分类，Logistic 回归模型可分为二分类 Logistic 回归模型（常用）、多分类无序 Logistic 回归模型和多分类有序 Logistic 回归模型三种类型。

本书运用的是二分类 Logistic 回归模型，二分类 Logistic 回归模型又称为 0 – 1 型。Logistic 函数的形式为：

$$f(x) = \frac{e^x}{1 + e^x} \tag{5 – 1}$$

（二）结果分析

首先，本书运用标准化方法对环鄱阳湖区 42 个城市 2010 年的 14 个指标数据进行无量纲化处理。其次，根据异速增长法则，运用 SPSS 软件分别对环鄱阳湖区 42 个城市 2000～2010 年的城市建成区面积和非农业人口、城市道路网络和非农业人口以及城市基础设施和非农业人口数据进行幂函数回归分析。最后，运用主成分分析法确定三个异速增长系数的权重，并计算异速增长系数综合值，回归和计算结果见表 5 - 2。本书在 ArcGIS 中对环鄱阳湖区 42 个城市异速增长系数综合值按照自然间断点分级法进行分类，把城市发展随城市人口数量增长的关系分为负增长、缓慢增长和快速增长 3 类，具体情况见图 5 - 2。

表 5 - 2　环鄱阳湖区城市异速增长系数

城市	城市建成区面积 - 非农业人口	城市基础设施 - 非农业人口	城市道路网络 - 非农业人口	综合值
奉新县	3.244	17.136	4.23	13.74230871
永修县	3.157	14.847	2.583	11.71509418
万年县	2.934	8.364	0.763	6.544153647
樟树市	2.918	18.056	0.029	13.55859341
弋阳县	2.911	15.153	0.276	11.46217406
新干县	2.835	7.645	4.407	6.734507941
进贤县	2.683	8.282	5.073	7.327542706
安义县	2.63	8.739	6.83	8.012862176
靖安县	2.603	16.036	0.816	12.20060753
南城县	2.279	8.076	3.104	6.752515765
景德镇市区	1.958	5.245	0.958	4.208170294
鄱阳县	1.642	9.985	- 0.86	7.324752647
都昌县	1.617	3.156	- 0.182	2.411927529

续表

城市	城市建成区面积 - 非农业人口	城市基础设施 - 非农业人口	城市道路网络 - 非农业人口	综合值
南昌市区	1.609	4.813	3.177	4.307676412
武宁县	1.606	9.969	- 0.243	7.433745118
崇仁县	1.487	9.248	0.907	7.122386118
丰城市	1.409	16.832	2.212	12.98236447
乐安县	1.329	3.42	0.335	2.689755294
湖口县	1.316	5.606	0.591	4.355476353
东乡县	1.268	5.024	1.652	4.134133647
宜黄县	1.247	- 2.313	0.135	- 1.592816412
乐平市	1.022	13.959	4.351	11.25924453
金溪县	0.969	4.682	0.876	3.704738
鹰潭市区	0.91	2.787	1.609	2.446698882
新建县	0.903	3.656	2.212	3.208987529
南昌县	0.749	2.137	0.616	1.756194765
余干县	0.686	3.043	1.188	2.535607588
星子县	0.672	2.011	2.539	2.042154882
彭泽县	0.521	5.543	0.468	4.227266412
德安县	0.487	2.497	0.513	1.982832412
抚州市区	0.303	1.325	0.526	1.106119706
余江县	0.132	4.474	1.204	3.556558941
九江市区	- 0.014	0.159	0.029	0.122296294
贵溪市	- 0.147	3.424	0.976	2.714986588
浮梁县	- 0.377	- 6.512	- 0.519	- 4.943223294
瑞昌市	- 0.459	3.002	- 3.2	1.545538
高安市	- 0.544	- 0.218	0.725	- 0.055142
九江县	- 1.209	- 6.245	- 0.905	- 4.882818529
婺源县	- 1.375	- 10.392	- 2.432	- 8.264764471

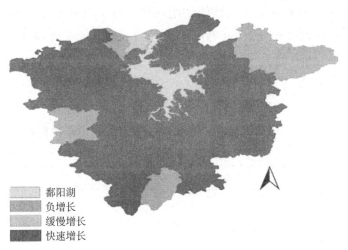

图 5 - 2　环鄱阳湖区 42 个城市发展 - 人口之间关系

资料来源：中国行政区划矢量图。

另外，本书以数值 1 作为异速增长系数的分界点，系数值大于等于 1 的城市用数值 1 代表，小于 1 的城市用数值 0 代表，然后对异速增长综合值分类值和选取的 14 个指标数据进行二分类的 Logistic 回归分析，运行结果见表 5 - 3。

表 5 - 3　环鄱阳湖区城市异速增长影响因素 Logistic 回归值

指标	回归系数值	指标	回归系数值
非农人口总数	- 17. 811	人均电话数	- 5. 602
城镇投资额	- 1. 452	第二、三产业产值比重	9. 452
实际利用外资额	3. 131	城市建成区面积	10. 172
地区生产总值	- 2. 963	第二、三产业从业人员比重	- 5. 224
医院床位数	3. 163	人均 GDP	1. 176
境内国际互联网用户数	- 0. 701	学校数	1. 905
境内公路通车里程	- 0. 794	区位因素	- 1. 944
常数项	0. 830		

同时，本书取各指标系数值的绝对值，计算各指标系数绝对值所占百分比，把计算结果按 0~2.00%、2.00%~4.00%、4.00%~6.00%、6.00%~10.00% 和 10.00% 以上划分为弱、较弱、一般、较强和强五个等级，计算及分类见表 5-4 和图 5-3。

表 5-4 环鄱阳湖城市异速增长系数影响指标作用程度

单位：%

指标	指标系数绝对值所占百分比	作用强度等级分类
非农人口总数	27.2	强
城市建成区面积	15.5	强
第二、三产业产值比重	14.4	强
人均电话数	8.6	较强
第二、三产业从业人员比重	8.0	较强
医院床位数	4.8	一般
实际利用外资额	4.8	一般
地区生产总值	4.5	一般
区位因素	3.0	较弱
学校数	2.9	较弱
城镇投资额	2.2	较弱
人均 GDP	1.8	弱
境内公路通车里程	1.2	弱
境内国际互联网用户数	1.1	弱

由表 5-3 和表 5-4 可以得出以下结论。①从正负影响因素方面说，对异速增长指数来说，其中非农人口总数，城镇投资额，地区生产总值，境内国际互联网用户数，境内公路通车里程，人均电话数，第二、三产业从业人口比重和区位因素 8 个指标属于负影响因素；也就是说，这些因素的增大会导致异速增长指数值的下降。实际利用外资额，医院床位数，第二、三产业产值比重，城市建成区面积，人均

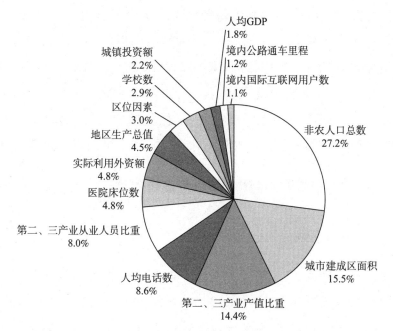

图 5 - 3 环鄱阳湖城市异速增长系数影响指标作用程度

GDP 和学校数 6 个指标对环鄱阳湖城市异速增长指数值来说是正的影响因素，即它们数量值的增大会导致异速增长指数值的增大。②从各指标影响程度的强弱来看，非农人口总数、城市建成区面积和第二、三产业产值比重为强影响因素，表明这三个指标数量值的变化对环鄱阳湖区各城市的异速增长曲线影响非常大。特别是非农人口总数，每当非农人口总数增加 1 个数量值，环鄱阳湖区城市的异速增长指数会降低 17.811 个百分点；当城市建成区面积增加 1 个数量值，环鄱阳湖区城市的异速增长指数将增加 10.172 个百分点；同理，当第二、三产业产值比重增加 1 个百分点，环鄱阳湖区城市的异速增长指数会增加 9.452 个百分点。人均电话数和第二、三产业从业人员比重属于较强的影响因素，当人均电话数增加 1 个数量值，环鄱阳湖区城市异速增长指数将降低 5.602 个百分点；同样，当第二、三产业从业人员比重增加 1 个百分点，环鄱阳湖区城市群异速增长指数将降低 5.224 个百分点。医院床位数、实际利用外资额和地区生产总值属于一般的影响因素，每当它们增加 1 个百分点，环鄱阳湖区城市的异速增长指数将分别变化 3.163、3.131 和 −2.963 个百分点。区位因素、学校数和城镇投资额的影响强度较弱，影响指数分别为 −1.944、1.905 和 −1.452。人均 GDP、境内公路通车里程和境内国际互联网用户数的影响效果最小，影响系数绝对值均小于 1，属于最弱影响因素。

二 城市群城市异速增长的竞争合作分析

(一) 研究区块的划分

将环鄱阳湖区 42 个县市划分组别。由于时间序列仅有 11 年，而环鄱阳湖区城市群内有 42 个县市，相对而言时间序列较短；另外环鄱阳湖区内面积较广，若是逐一分析县市之间的关联，不仅工作量大，而且和主要城市相比规模过小的城市表现将不突出，有些关联是微弱的甚至无关联，将所有县市节点一起分析无益于具体研究，所以我们认为应对环鄱阳湖区城市群分区块后进行分析。参照先前的研究（刘耀彬、戴璐等，2013），本书引用对环鄱阳湖区整体网络小团体分析的结果，即 {南昌市区、九江市区、抚州市区、景德镇市区、鹰潭市区} 作为第一层级，用"地级市组"表示。余下 37 个县市作为第二层级。本书使用同样的方法在 Ucinet 6 环境下对位于第二层级的县市进行分析，在使用 Draw 绘制之前，需要把去掉第一层级城市节点后的剩余关联加强，目的在于凸显 37 个县市节点之间的更强关联，具体操作方法是将联系值大于 100 单位的赋值为 1，其余为 0。经过这一处理之后，得到第二层级的网络小团体分析结果见图 5 − 4。由图 5 − 4 可划分为关系相对紧密的 4 组，分别是九江市区 = {永修县、德安县、星子县、九江县、瑞昌市、湖口县、彭泽县、都昌县}，南昌市区 = {南昌县、高安市、丰城市、樟树市、新建县、进贤县、安义县、新干县、奉新县、靖安县}，景德镇市区 = {弋阳县、余江县、东乡县、贵溪市、余干县、横峰县、万年县、鄱阳县、乐平市、德兴市、浮梁县}，余下的 8 个县相互之间关系较弱，在图 5 - 4 强关联的前提下没有凸显出来，因而统一划为一组，命名为抚州市区。

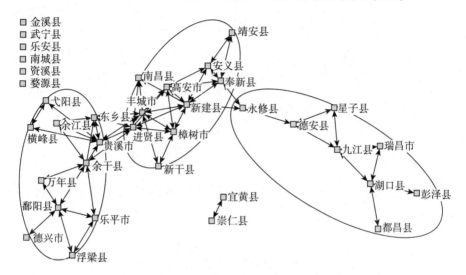

图 5 - 4　第二层级网络关系

（二）模型与方法

对城市间竞争合作的关系用 Dendrinos-Sonis 模型进行分析。本书将一个经济体划分为若干个区域，定义 $y_i(t)$ 为 t 时刻区域 i 在整个研究区中对某一资源要素占有的份额，进而得到这一份额占有的分布函数：

$$Y(t) = [y_1(t), \cdots, y_i(t), \cdots, y_n(t)], i = 1, 2, \cdots, n; t = 1, 2, \cdots, T$$

$$(5 - 2)$$

式（5 - 2）可作为一个分布动力学的离散系统：

$$y_i(t + 1) = \frac{F_i[y(t)]}{\sum\limits_{j=1}^{n} F_j[y(t)]}, i, j = 1, 2, \cdots, n; t = 1, 2, \cdots, T \quad (5 - 3)$$

其中，$0 < y_i(0) < 1, F_i[y(t)] > 0, \sum_i y_i(0) = 1, F_i[y(t)]$ 表示 t 时刻区域 i 在区位和时间上的比较优势，依据某个标准选出一个参考地作为分母，记为第一个地区，得：

$$G_j[y(0)] = \frac{F_j[y(0)]}{F_1[y(0)]}, j = 2,3,\cdots,n \qquad (5-4)$$

式（5-3）可以改写为：

$$\begin{cases} y_1(t+1) = \dfrac{1}{1 + \sum\limits_{j=2}^{n} G_j[y(t)]} \\ y(t+1) = y_1(t+1) G_j[y(t)] \end{cases} \qquad (5-5)$$

将 $G_j[y(0)]$ 定义为柯布-道格拉斯函数形式，进一步求得对数线性模型：

$$\ln y_j(t+1) - \ln y_1(t+1) = \ln A_j + \sum_{k=1}^{n} a_{jk} \ln y_k(t), j = 2,3,\cdots,n$$

$$(5-6)$$

a_{jk} 是弹性系数，为正值时表示地区 j 与 k 是互补关系，地区 k 对某资源占有增加 1% 会导致地区 j 相应份额增加 $a_{jk}\%$；为负值时表示地区 j 与 k 是竞争关系，地区 k 对某资源占有增加 1% 会导致地区 j 相应份额减少 $a_{jk}\%$。

（三）环鄱阳湖区城市竞争合作分析

Dendrinos-Sonis 模型最早被用于研究人口的竞争性和互补性（朱列，2008）。区域间的竞争可以表现为经济活动中对各种要素和资源的竞争，对区域的竞争能力测度是全面而复杂的，本节是在城市异速增长下的分析，因而忽略过于微观细致的因素，选择某些主要表征城市发展的资源要素来分析，因而某个区域的竞争力可以用该区域对某些资源的占有率来表示。本节分别从人口、经济、空间和水资源总量四个方面分别进行分析。

第一，人口驱动的竞争合作。非农人口总数指从事非农业生产活动的劳动人口及其家庭被扶养人口，是城镇建设的主要劳动力来源，因而对非农人口总数指标进行 Dendrinos-Sonis 分析，结果见表 5 – 5，由于篇幅限制，本书只将通过检验的系数符号标识出来。其中，在地级市中选择份额最大的南昌市区作为分母，九江市区中选择份额最大的瑞昌市作为分母，南昌市区中选择份额最大的丰城市作为分母，景德镇市区中选择份额最大的鄱阳县作为分母。

从表 5 – 5 中可以看到，在以南昌市区为分母的地级市中，抚州市区与区内其他成员的关系体现为对人口的竞争性，即其他市辖区的人口增多（减少）的同时抚州的非农人口有不同程度的减少（增加）；而九江市区、景德镇市区和鹰潭市区则以互补性为主。某一市辖区内非农人口的增多连带着其他区内的非农人口增长，这一表征隐约揭示出环鄱阳湖区的 5 大主要城市的非农人口的变动可能主要与抚州市区的流动有关。在以瑞昌市为分母的九江市区中，体现出较强竞争性特征（系数为负的个数大于 2）的城市有 3 个，分别为九江县、德安县和彭泽县；余下的为体现较强互补性特征（系数为正的个数大于 2）的城市，共有 4 个。以丰城市为分母的南昌市区中，有南昌县、安义县、新干县和奉新县表现出了较强的对人口资源的竞争性，余下的 5 个城市则表现为较强的互补性。以鄱阳县为分母的景德镇市区中，东乡县、万年县、浮梁县和乐平市表现出强竞争性，其余 6 个县市表现为互补性，组内城市对非农人口资源的分配可认为是以互补性为主。而抚州市区内的 8 个县彼此之间的关联很弱几乎可以忽略不计，与此相对应的由 Dendrinos-Sonis 模型求解得到的相关系数也十分不理想，因而可认为抚州市区内城市关于非农人口的竞争或互补的关系可以忽略不计，近似于独立无关联。

　　总体而言，在与非农人口资源的关系中，各区域内竞争与合作并存，互补性略强于竞争性。城市在发展与增长的过程中，由于自身资源配置的渐趋合理，非农人口要素从生产效率较低的地区转向生产要素较高的地区，由传统部门转移到新兴部门。环鄱阳湖城市体系内各地区都在经历这样的一个过程，但转移的速度不一致，这使得出现某些地区流入人口多，而有些地区相比之下对非农人口资源的需求得不到满足，由此便出现了对非农人口资源的竞争。另外，有时在区域政策下，某些地区会联动发展，从而人口资源在这些地区会呈现共同消长的现象，这便是非农人口在各地间互补的表现。对非农人口资源的竞争与互补带来了相应经济产值、城市空间建设等方面变化的相对不一致，从而呈现了异速增长的现象。

表 5 – 5　非农人口的 D – S 模型分析结果

非农人口 县市	代码	地级市					九江市区								南昌市区										景德镇市区											R^2
		1	2	3	4	5	6	7	8	9	10	11	12	13	14	15	16	17	18	19	20	21	22	23	24	25	26	27	28	29	30	31	32	33	34	
九江市区	2	+	+	+*	+	+																														0.94
抚州市区	3	–	0	–	0	–																													0.82
景德镇市区	4	+	+	0	+	0																													0.84
鹰潭市区	5	+	+	+	+	0																													0.88
永修县	6						–	–*	+*	+	0	+*	+	+																					0.99
德安县	7							–	–	–*	–	+	0	0																					0.98
星子县	8							–	0	+	0	+	+	+																					0.98
九江县	9							–	–*	0	–	+*	0	0																					0.97
湖口县	11							–	0	+*	+	0	0	+	+																				0.97

续表

非农人口县市	代码	地级市					九江市区								南昌市区										景德镇市区											R^2
		1	2	3	4	5	6	7	8	9	10	11	12	13	14	15	16	17	18	19	20	21	22	23	24	25	26	27	28	29	30	31	32	33	34	
彭泽县	12						−	−	−	+	−	0	0	−																						0.98
都昌县	13						−	−	0	+	0	+	+	+																		−				0.99
南昌县	14														−	−*	−	−	−*	−*	−	+	0	+												0.98
新建县	15														+	0	+	+*	0	0	0	0	+	+												0.87
进贤县	16														+	0	+	0	+	0	+	+*	0	−												0.89
樟树市	18														0	0	0	+*	−	+	0	0	+*	+												0.89
高安市	19														+	0	+	+	−	+	+	−	+	0												0.99
安义县	20														−	0	−	−	−	0	0	−	+													0.86
新干县	21														0	0	−	−	+	0	0	0	−*	−*												0.86
奉新县	22														0	−	−	−	−	−	−	0	+													0.97
靖安县	23														+	+*	+	+	+*	+	0	0	0	−*												0.84
余江县	24																								0	+	0	0	+	+	0	0	+	0	+	0.95
贵溪市	25																								0	+	0	0	+	+	0	0	0	0	0	0.88
东乡县	26																								+*	0	−	0	−	0	0	0	−*	+	−	0.85
余干县	27																								0	0	−	0	0	+	0	0	−	0	0	0.81
弋阳县	29																								0	+	0	0	+	0	0	0	0	0	0	0.87
万年县	30																								0	−	0	0	−	0	−	−	0	0	−	0.94
浮梁县	31																								0	−	−	−	−	−	−	−	0	0	−	0.99
乐平市	32																								0	−	0	−	0	−	0	−	0	0	−	0.93
横峰县	33																								+*	+	+*	+*	+	0	0	0	+	0	+	0.75
德兴市	34																								0	+	0	0	+	0	0	0	+*	0	+*	0.78

注：表中"+"代表竞争，"−"代表互补，"0"代表无竞争互补关系；* 表示10%显著水平，其余表示5%及以下显著水平；代码中带"_"为分母县市，1为南昌市区，10为瑞昌市，17为丰城市，28为鄱阳县。

　　第二，经济驱动的竞争合作。经济指标也是衡量城市化发展水平的一个重要方面，在城市体系的增长发育中，经济因素是一个非常重要的驱动因素。从 GDP 入手来分析环鄱阳湖区城市群在经济上的竞争合作是可行的。由于 GDP 数据收集较为容易，本书把时间跨度向前扩大为 1996 ~ 2010 年，需要注意的是以当年价格计算的 GDP 为名义 GDP 数据，应除以相应的 GDP 平减指数得到真实 GDP，但是由于 GDP 平减指数的计算较为困难，研究采用国家统计局提供的 CPI 指数代替，CPI 是拉氏指数，虽然夸大了生活成本，但总体数据均被夸大又不与其他指标横向比较，因而认为在此可以替代 GDP 平减指数。本书对 5 个分组分别就人均 GDP 进行 D - S 分析。

GDP 是地域概念，拥有农业户口的公民也可能在城镇内务工，因而在计算人均 GDP 时，使用真实 GDP 比区域总人口来表示。本书对 GDP 进行竞争合作分析，依统计结果，九江市区的真实人均 GDP 近年来常常高于作为省会城市的南昌市区，但考虑到南昌市区的综合影响力为江西省之最，仍然选择南昌市为分母进行 D - S 分析（见表 5 - 6）。

表 5 - 6　人均 GDP 的 D - S 模型分析结果（以南昌市区为分母）

地级市区	南昌市区	九江市区	抚州市区	景德镇市区	鹰潭市区	R^2
九江市区	- 0.72	- 0.50	- 0.34	- 0.63	—	0.76
抚州市区	2.99	—	—	- 1.80	0.83	0.36
景德镇市区	—	0.50	0.25	1.20	0.42	0.85
鹰潭市区	1.75	—	0.64	2.01	1.33	0.77

从表 5 - 6 中可以看到对九江市区的分析的相关系数没有想象的高，这可能是因为数据统计存在误差，同时用 CPI 来折算真实 GDP 时夸大了居民的生活成本，但系数所反映的竞争关系是符合事实现状的，因而本书引用了这个不算完美的计算结果。对抚州市区的分析结果的相关系数非常低，这从数据层面上反映出南昌市区和抚州市区之间没有明显的竞争合作关系。两者与南昌的直线距离相近，而九江与

南昌的关联比抚州强得多，这说明经济发展政策更多地倾向于九江市区，出现了经济的发展不均衡，是什么导致了这一发展结果呢？从地理位置上看，九江市位于南昌以北，且与安徽和湖北交界，拥有三省交界处的区位优势，并且九江港是江西省唯一通江达海的对外开放国家一类口岸，物资的吞吐量很大。反观抚州市，位于南昌以南，处于环鄱阳湖区的内腹部，虽力推工业化打造抚州工业园区，但历年的经济总量均不及九江，南昌市与九江市经济总量相当，它们之间竞争合作关联理当要比抚州市更为密切。再看关于景德镇和鹰潭市的分析结果，系数均为正，表明这两个地区与其他各地主要呈现互补性。

环鄱阳湖区的 5 个主要城市经济总量大，与外界的关联十分紧密。但需要指出的是环鄱阳湖区内的其余 37 个县市相对 5 大地级市而言不仅面积小、人口少，经济总量也远非同一量级上；而且由于行政区域的划定使得各个小县市之间相互独立，各县产能基本满足于供给本县需求，彼此之间难以像 5 大地级市一样相互之间有较强的产业关联。在这一前提下对 37 个县市逐个进行竞争合作分析没有意义，但作为总量可以反映区域之间的某些关系，因而本书将各分组的经济加总后再进行 D－S 分析。环鄱阳湖区城市群内的 5 个地级市是核心部分，其他各区域可能经济总量比之更大、地域面积比之更广、人口数量比之更多，但 5 个核心地级市分布于鄱阳湖周围，在研究区域乃至江西省内的地位都高于其他县市，单独的某县也无法从经济、人口等方面与之抗衡，因此本书在 D－S 分析中选择地级市组成的区域作为分母。计算结果见表 5－7。

表 5－7　人均 GDP 的 D－S 模型分析结果（以地级市为分母）

地区	地级市区	九江市区	南昌市区	景德镇市区	抚州市区	R^2
九江市区	0.74	0.61	1.30	－2.38	—	0.74
南昌市区	—		0.56（0.46）	0.71（0.50）	－1.03（0.31）	0.77

地区	地级市区	九江市区	南昌市区	景德镇市区	抚州市区	R^2
景德镇市区	0.15 (0.69)	0.06 (0.79)	0.75 (0.21)	—	−0.85 (0.29)	0.75
抚州市区	0.23 (0.56)	0.11 (0.65)	0.33 (0.57)	—	−0.51 (0.53)	0.58

注:括号中为相应 P 值。

表 5-7 中的数据指出,除了以九江地区为主的环湖西北部的县市与处于第一层级的地级市竞争合作关系密切一些以外,其他区域的系数 P 值均不显著,无法通过检验,因而不存在明显的竞争合作关系。这说明环鄱阳湖区内的经济发展是十分不均衡的。南昌等地级市作为分母,其经济影响力应基本辐射全区,但除了九江市区的县市与之有互补关系外,其他各区县市似乎各自独立发展,受地级市一级的经济影响不多。九江市区除受到地级市经济的正向影响外,与南昌市区的县市也呈互补的关系,南昌市区与九江市区是江西省的最主要的两个大城市,它们在相互竞争的过程中也带动了南昌市区和九江市区的发展。九江市区与位于环鄱阳湖区东部的景德镇市区是竞争关系,与环鄱阳湖南部的抚州市区则没有显著的竞争合作关系。

第三,空间驱动的竞争合作。在环鄱阳湖区城市异速增长的过程中,城市建成区面积作为衡量发展的空间因素也被重点考虑,在地理上承载各城市发展要素与成果的建成区面积是一个关键的因素,而可用于城镇建设的土地面积又有限,各县市对这一空间资源的竞争与互补也是促使城市异速增长的一个原因。本书仍然用 D-S 模型来进行分析,由于统计年鉴只提供地市以上的建成区面积,其他县市的这一数据均来自各地政府工作报告和谷歌地图,因而时间跨度只为 2000~2010 年,数据可能不够精确。

表 5-8 显示了模型分析的结果,在地级市范围内,相关系数都很低,说明环鄱阳湖区的 5 大地级市在建成区上相互之间没有竞争合作关系。思考其原因,南昌市区、九江市区等地级市行政级别在环鄱阳

湖区内较之普通县市高，且城市化水平遥遥领先，已有建成区面积相对一般县市大得多，在此基础上继续扩展可能导致边际报酬递减，除非发现新的具有巨大经济效益的增长点，否则盲目扩建会投入过多资金与资源而得不到相应的回报。进一步地，5个地级市对土地资源的竞争更多表现在各自的建成区内部，以房地产的开发为例，随着城市化进程的加快，城内房价不断提升，政府有通过投资房地产来获得土地资源回报的冲动，通过在现有的土地资源上提高附加价值来获得回报更为经济，从而可能不会将注意力放在对已有建成区的向外扩张上。所以地级市之间没有表现出建成区面积的竞争互补关系。

在对南昌市区和景德镇市区进行分析时，也遇到了相关系数过低的现象，这两个区域内的县市也似乎不存在建成区面积的竞争互补关系，原因可能是地方政府土地经济驱动力量太大，此外也不排除是统计数据精确度不够导致分析结果不佳。在九江市区的分析中，各县市主要表现出了互补的关系，而抚州市区内的各县则表现出了强竞争关系。九江市区与抚州市区在地理上分列于南昌市区以北和以南，一个互补、一个竞争，宏观来看，整个环鄱阳湖区在土地资源的配置上是不均衡的，城市之间利用土地资源发展的速度也相对不同，从而存在异速增长。

表 5 – 8　用地的 D – S 模型分析结果

建成区面积		地级市					九江市区								抚州市区								R^2
县市	代码	1	2	3	4	5	6	7	8	9	10	11	12	13	35	36	37	38	39	40	41	42	
九江市区	2	+	−	+	+	−																	0.35
抚州市区	3	−	−	+	+	−																	0.33
景德镇市区	4	+	−	+	+	−																	0.28
鹰潭市区	5	−	−	+	+	−																	0.34
永修县	6						+	0	+	−	0	0	0	0									0.98

续表

建成区面积		地级市					九江市区								抚州市区								R^2
县市	代码	1	2	3	4	5	6	7	8	9	10	11	12	13	35	36	37	38	39	40	41	42	
德安县	7						0	0	0	+*	+*	+	0	+									0.93
星子县	8						0	+	0	+	+	+	-	0									0.99
九江县	9						0	+	0	0	0	+	0	0									0.96
湖口县	11						-*	0	0	0	-	0	0	0									0.87
彭泽县	12						0	+	+	-	0	+*	-	0									0.98
都昌县	13						0	0	-	+	0	+	0	0									0.94
崇仁县	35														0	0	0	0	0	0	0	0	
金溪县	37														-	-	-	-	-	-	-	-	0.99
武宁县	38														0	0	0	0	0	0	0	0	
乐安县	39														-	-	-	0		-	-*		0.99
宜黄县	40														-	-	-	0	-*	0			0.99
南城县	41														0	0	0	0	0	0	0	0	
资溪县	42														-								0.99

注：表中"＋"代表竞争，"－"代表互补，"0"代表无竞争互补关系；* 表示 10% 显著水平，其余表示 5% 及以下显著水平；代码中带"＿"为分母县市，1 为南昌市区，10 为瑞昌市，36 为婺源县。

第四，水资源约束的竞争合作。鄱阳湖是环鄱阳湖区内的一个重要自然资源要素，环绕鄱阳湖周边的县市获取水资源便利，相互之间不存在对水资源总量的竞争合作关系，因而从分析中摘除。本书对剩余的县市也进行 D-S 分析，水资源总量数据通过查阅 2001~2011 年江西省各个地级市统计年鉴，并利用土地面积权重进行折算得出。

分析结果如表 5-9 所示，南昌市区内对水资源量表现出竞争性的地区有 4 个，表现出互补性的县市有 5 个；景德镇市区内县市对水资源量表现出强竞争性；抚州市区则表现出弱竞争与互补性。从这一分析结果来看，水资源对南昌市区的驱动作用更多，这些县市更靠近省会南昌，距离鄱阳湖主体也更为接近，南昌市产业升级后的一些产业可能逐渐剥离出来分散到这些周边县市，由此引发对水资源的需求增多，从而产生竞争合作关系。景德镇市区总体呈竞争态势，水资源对区内城市的发展有较强的约束力。抚州市区未表现出明显的趋向，但其距离鄱阳湖水体较远，导致这一结果，统计数据存在误差的可能性比较大。水资源丰富可以促进城市产业发展、提升居民生活水平，反过来水资源稀缺可以约束城市发展，因而环鄱阳湖区内各城市对水资源的竞争与互补会导致城市的异速增长。

表 5 – 9　水资源的 D – S 模型分析结果

水资源总量 县市	代码	南昌市区										景德镇市区								抚州市区								R^2
		14	15	16	17	18	19	20	21	22	23	24	25	29	30	31	32	33	34	35	36	37	38	39	40	41	42	
南昌县	14	–	-*	–	–	-*	-*	–	+	0	+																	0.98
新建县	15	+	0	+	+*	0	0	0	0	+	+																	0.87
进贤县	16	+	0	+	0	+	0	+	+*	0	–																	0.89
樟树市	18	0	0	0	+*	–	+	0	0	+*	0																	0.89
高安市	19	+	0	+	+	–	+	+	–	+	0																	0.99
安义县	20	–	0	–	–	–	0	0	–		+																	0.86
新干县	21	0	0	–	–	+	0	0	0	-*	-*																	0.86
奉新县	22	0	–	–	–	–	–	–	0	+																		0.97
靖安县	23	+	+*	+	+	+*	0	0	0		-*																	0.84
余江县	24											0	0	+	–	0	–	0	0									0.95
弋阳县	29											–	–	0	0	0	–	–	–									0.92
万年县	30											–	–	0	0	0	–	–	–									0.92
浮梁县	31											0	–	0	0	0	–	-*	–									0.82
乐平市	32											-*																0.91
横峰县	33											-*	–	0	0	0	–	-*										0.88

水资源总量		南昌市区										景德镇市区								抚州市区								R^2
县市	代码	14	15	16	17	18	19	20	21	22	23	24	25	29	30	31	32	33	34	35	36	37	38	39	40	41	42	
德兴市	34											–	–	0	0	0	–	–	–									0.92
崇仁县	35																			0	0	0	0	+	–	0	0	0.88
金溪县	36																			–*	0	–	0	0	–	0	0	0.84
乐安县	38																			0	0	0	0	0	–	+	0	0.91
宜黄县	39																			0	0	0	+	0	0	+*	0	0.64
南城县	40																			0	0	0	0	0	0	0	0	
资溪县	41																			0	0	0	0	–	–	+	0	0.69
婺源县	42																			0	0	0	0	0	0	0	0	

注：表中"＋"代表竞争，"－"代表互补，"0"代表无竞争互补关系；* 表示10%显著水平，其余表示5%及以下显著水平；代码中带"_"为分母县市，17为丰城市，25为贵溪市，37为武宁县。

第二节 环鄱阳湖城市群城市异速增长情景模拟

一 情景设计

城市异速增长规律反映了各个子系统之间的一种相对稳定的增长关系，借助对这一关系的研究，能够极大地方便决策者把握城市的未来发展状况。然而按照历史形成的现有异速增长规律去发展未必是最优选择，人们处在城市化系统之内有时也很难高效地判断城市异速增长正处于什么阶段。本书在环鄱阳湖区城市化异速增长的研究中，研究期仅截取了 2000~2010 年的数据，没有更早的纵向历史数据，也没有平行的中部地区或是发达的东部地区的异速增长规律研究作为参考，这不易判断自身的城市化发展正处于一个什么阶段。

有鉴于此，本书从现有异速增长规律出发，尝试从城市等级规模的角度设计三种情况来对环鄱阳湖区城市化异速增长情景进行模拟，通过比较模拟的结果来判断环鄱阳湖区城市化异速增长未来可能选取的发展路径。本书将三种情形定义为：自然型异速增长、首位型异速增长和等级型异速增长。同时，本书在情景设置中使用环鄱阳湖区城市化异速增长规律作为数据预测的依据。

此外，由于鄱阳湖是被誉为"最后一湖清水"的宝贵水资源，且水资源对城市的发展以及居民的生活都起着非常重要的作用，因而除了自然发展的情景之外，另外两种情景的设计本书均加入了保护鄱阳湖水资源这一约束条件。下面分别对这三种情形做出详细的设计。

（一）自然型异速增长

环鄱阳湖区城市化异速增长的自然型即是在不改变历史形成的异速增长规律前提下，研究区域在其原有格局上沿用过去的转化规律自由发展，没有过多的外界因素对其进行干扰，是一种保守发展的情形。在实际模拟的操作中，本书对各区域的面积变化进行 Logistic 回归，得出对地类变化影响显著的因子，并根据回归结果生成各种地类未来的变化概率图集；进而以 2010 年研究区的土地利用图为基础，加上土地转移概率矩阵的约束，将地类变化图集和概率矩阵一起作为 CA 的转换规则，设定一个元胞周围 5km×5km 范围内的对原本状态的改变具有显著影响的巨型空间，启动 CA 对环鄱阳湖区未来 10 年的土地利用变化进行模拟。

（二）首位型异速增长

这一情景被设定为首位优势生长的异速增长模型。首位优势生长指的是城市体系中的顶级城市作为区域的增长极优先增长，超前增长，通过首位城市的增长来带动其他次级城市的增长。

在前文对环鄱阳湖区城市等级规模进行研究的过程中，本书确定了南昌市为区内的首位城市，在对人均 GDP 的竞争合作机制分析中，发现九江与南昌呈现竞争关系，而其他地级市与之缺乏竞争合作关系。从地理上看，5 大地级市在研究区内的地理位置是呈环状围绕鄱阳湖的，位于整个环鄱阳湖区的心脏位置。结合这一地理信息，本书可以推断环鄱阳湖区城市群在非农人口总数和 GDP 的角度看来，空间组织与分布是不均衡、非对称的。虽然南昌为江西省首位城市是毋庸置疑的，但南昌和九江作为一体化的双中心增长极可以给区域经济的发展创造条件，改善竞争，增进合作。而且两座城市也早有着某种历史渊源，早在 1992 年，江西省就提出了打造"昌九工业走廊"，可见从长期发展的角度来看，南昌和九江作为一体二中心的增长是更有前景的增长格局。因而，在首位型异速增长情景设置中，南昌仍是最大的增长极，但是需将九江地位提升，与南昌市一起作为一个一体化的增长极来发展规划，全力支持其产业规模的扩大和产业水平的提升。

首位型城市分布要求 $D < 1$，$q > 1$，在前面的分析中（见表 4 - 6），2000 ~ 2010 年的 D 值均大于 1，q 值均小于 1，从而尝试令 $D = 0.9$，则 q 约为 1.1，按照这一标准来设置首位型异速增长情景。以 2010 年南昌市非农人口总数为 175.4 万人，求得九江市非农人口总数理论值为 81.41 万人，比当年实际的 50.35 万人高出 31.06 万人。以此类推计算出环鄱阳湖区其余县市的非农人口值，得区域总非农人口总数理论值为 648.44 万人。另外，从经济总量上来设置，根据前文得出的有关非农人口与 GDP 之间异速增长规律计算首位型理论非农人口总数对应的 GDP 总量，以 2010 年数据为起点，在区间内取异速增长系数，而具体的城镇资产投资等指标则暂不考虑，在 2010 年的计算基础上逐步模拟预测未来的相关数据。同时，水环境对于环鄱阳湖区城市群的经济、生活和空间而言都有非常重要的影响。鄱阳湖是我国最大的淡水湖泊，是重要的天然调节水库，以其自身巨大的湖泊容积调蓄长江中上游和江西五河的来水来沙，具有显著的削峰蓄洪功能和减灾作用。然而在经济发展的过程中，鄱阳湖未得到有效保护，水体总量相对历史数据已有大幅缩减，因而在保护水资源的原则下，本书把水体、沼泽地、滩地合并为水域的整体，在水域范围内将不允许修建任何居民点、工厂或道路，作为限制研究区城市化发展的 CA 约束准则。

首位型情景下的 2010 年区域的非农人口总数理论值为 648.44 万人，根据式（4－16）异速增长规律得 GDP 总量为 8171 亿元，从 2011 年开始进行首位型异速增长模拟，为简化研究，将非农人口总数历史数据拟合并预测得 2015 年为 770.19 万人，2020 年为 842.26 万人，相应地，2015 年 GDP 为 10168 亿元，2020 年为 11391 亿元（见表 5－10）。

表 5－10　首位型城市规模下 2010 年人口参考值

城市	非农人口总数（万人）	排序	城市	非农人口总数（万人）	排序	城市	非农人口总数（万人）	排序
南昌市区	175.4	1	瑞昌市	7.26	18	弋阳县	4.65	27
南昌县	24.31	6	彭泽县	3.85	32	万年县	4.46	28
新建县	9.57	14	景德镇市区	52.11	3	奉新县	6.13	21
进贤县	8.26	16	浮梁县	2.94	41	安义县	4.85	26
九江市区	81.41	2	乐平市	17.72	8	靖安县	3.28	37
九江县	3.61	34	抚州市区	37.98	4	武宁县	4.14	30
星子县	3.19	38	鹰潭市区	13.86	10	新干县	5.29	24
永修县	6.46	20	余江县	5.82	22	乐安县	5.54	23
湖口县	3.99	31	贵溪市	12.48	11	宜黄县	3.02	40
德安县	3.38	36	崇仁县	5.06	25	南城县	4.29	29
都昌县	7.73	17	金溪县	3.49	35	资溪县	2.85	42
东乡县	8.87	15	丰城市	29.71	5	横峰县	3.1	39

城市	非农人口总数（万人）	排序	城市	非农人口总数（万人）	排序	城市	非农人口总数（万人）	排序
余干县	10.39	13	樟树市	11.34	12	德兴市	6.84	19
鄱阳县	15.56	9	高安市	20.52	7	婺源县	3.73	33

（三）等级型异速增长

等级型分布，也可以称为序位型分布，是大中小城市都包括的一种金字塔结构分布。城市等级规模金字塔描述了这样的一种分布状态，即在城市规模越大的等级上，城市的数量越少；而在城市规模小的等级上，城市数量越多，整个城市体系是由位序 – 规模构成的金字塔形。

"金字塔"形非常稳定，在这样的规模结构下，城市体系中的不同城市的经济总量、人口、空间等指标的相对次序也应是相对稳定的，从而体系内城市分工更明晰，竞争更少，合作共赢的局面更易达成。等级型异速增长情景的设置便是以这一金字塔形结构为目标。根据已有研究可知在 $D = q = 1$ 时，最大城市与最小城市人口数量之比恰为整个体系的城市数量，这是理论上自然状态下的最优分布。根据这一条件，本书依旧以 2010 年数据为基础，分别计算出各县非农人口总数，从而加总得到区域的非农人口总数理论值为 754.95 万人。另外，为使首位型和等级型两种情景能够互相参考，与首位型异速增长情景设置一样在人口与经济城市化的异速增长规律区间端点处取异速增长系数，并控制水资源不能被开发利用。

由等级型情景下的 2010 年区域的非农人口总数理论值为 754.95 万人，根据式（4 – 16）异速增长规律得 GDP 总量为 9912 亿元，从 2011 年开始进行首位型异速增长模拟，为简化研究，将非农人口总数历史数据拟合并预测得 2015 年为 828.29 万人，2020 年为 924.58 万人，相应地，2015 年 GDP 为 11151 亿元，2020 年为 12823 亿元（见表 5 -11）。

表 5 -11　等级型城市规模下 2010 年人口参考值

城市	非农人口总数（万人）	排序	城市	非农人口总数（万人）	排序	城市	非农人口总数（万人）	排序
南昌市区	174.5	1	瑞昌市	9.69	18	弋阳县	6.46	27
南昌县	29.08	6	彭泽县	5.45	32	万年县	6.23	28
新建县	12.46	14	景德镇市区	58.17	3	奉新县	8.3	21
进贤县	10.91	16	浮梁县	4.26	41	安义县	6.71	26
九江市区	87.25	2	乐平市	21.81	8	靖安县	4.71	37
九江县	5.13	34	抚州市区	43.63	4	武宁县	5.82	30
星子县	4.59	38	鹰潭市区	17.45	10	新干县	7.27	24
永修县	8.72	20	余江县	7.93	22	乐安县	7.59	23
湖口县	5.63	31	贵溪市	15.86	11	宜黄县	4.36	40
德安县	4.85	36	崇仁县	6.98	25	南城县	6.01	29
都昌县	10.26	17	金溪县	4.98	35	资溪县	4.15	42
东乡县	11.63	15	丰城市	34.9	5	横峰县	4.47	39
余干县	13.42	13	樟树市	14.54	12	德兴市	9.18	19
鄱阳县	19.39	9	高安市	24.93	7	婺源县	5.29	33

二　CML 模型构建

元胞自动机于 20 世纪 40 年代由 Ulam 首先提出，它是一种时间、空间和状态均离散，空间的相互作用及作用时间上的因果关系皆局部的格子动力学模型。自 20 世纪 90 年代中期开始，基于 CA 的城市扩展模拟越来越受到研究人员的关注。其"自下而上"的研究思路、强大的复杂计算功能、固有的平衡计算能力、高度动态以及具有空间概念等特征，使得它在模拟空间复杂系统的时空演变方面具有很强的能力，目前被广泛应用于模拟城市增长、扩张以及土地利用演化等方面（顾朝林，1992）。对元胞自动机而言，其最重要的是演化规则的构建，城市格局生长演化的过程十分复杂，影响因素也多变，还时刻存在着偶发性因素的影像作用，在模型的构建中不可能全面地一一刻画出来。因而本书采取 Markov 和 Logistic 模型作为辅助模型推演出 CA 的演化规则，进而使 CA 演化出未来的环鄱阳湖区的时空格局成为可能。

Markov 模型是一种在景观格局和土地利用变化预测中广泛应用的模型，它是基于马尔科夫链，根据事件的目前状况预测其将来各个时刻变动状况的预测方法，其本质是对事件发生概率的预测。但是 Markov 方法没有考虑每种土地利用类型的空间分布，在模型结果中没有空间成分（王济川等，2001），因而本书将其作为 CA 模型的一部分以克服这一局限性。

Logistic 回归是 CML 模型中很关键的一步，其分析结果将作为元胞自动机的转换规则的一部分。本书运用 Logistic 回归对每一栅格可能出现某一地类的概率进行诊断，筛选出对土地利用变化影响较显著的因子，并确定它们之间的定量关系。本书在 IDRISI 15.0 平台下根据 Logistic 回归方程得出各土地利用类型的空间分布概率适宜性图，即预测土地利用适宜性图，这种方法省去了人为选取因子以及进行权重确定和空间叠加的过程，根据 Logistic 回归分析进行预测，更具有客观性（刘明华等，1999）。Logistic 回归拟合的方程为：

$$\log\left(\frac{p_i}{1-p_i}\right) = \beta_0 + \beta_1 x_1 + \beta_2 x_2 + \cdots + \beta_n x_n \qquad (5-7)$$

其中，p_i 表示每个栅格可能出现某种土地利用类型的概率，X 表示各备选驱动因素。

土地覆被的变化受很多因子的影响，如自然资源禀赋、大气环境、社会经济等。本章以环鄱阳湖区的城市化异速增长空间模拟为主要研究对象，故而在因子的选择上侧重于对城市异速增长的作用。影响城镇用地空间分布的因子有很多，大致可归纳为自然因素、社会经济因素和距离因素三大类。自然因素赋予土地类型以其自然属性，社会经济因素纳入了人类活动对土地利用的影响，各地类间的距离因素则描绘了地类间的相互作用，这三类因素都会对各土地类型间的相互转化起作用。本书考虑到数据的可获取性和可匹配性，自然因素因数据的模式匹配十分困难，工作量也十分巨大而暂时只考虑用坡度数据代替；社会经济因素用城市化因素代替，具体为非农人口总数、GDP、第三产业占 GDP 比重、城镇投资额、实际利用外资额、医院床位数，即异速增长分析中所使用的人口、经济、生活和空间因素；距离因素则用各地类与其他地类的距离来计算。

三　城市土地利用的转移过程分析

城市土地利用的转移是描述土地利用格局演变的一个有力工具。传统的研究方法可能无法全局把握较大研究区的土地利用变化，而 GIS 技术很好地弥补了这一研究方法的不足。遥感影像具有真实性强、信息量大、视野广阔、面积大、概括性强、易于了解地貌的特点。使用遥感影像提供的空间信息数据，人们可以对任意时期的土地利用格局有所掌握。城镇化与建设用地需要细致的刻画，考虑到 TM 遥感影像 30m 的空间分辨率在环鄱阳湖区 5.12 万平方公里情况下已能准确地提取土地类型信息，本书选取 2005 年和 2010 年覆盖环鄱阳湖区的东经 120°至 122°，北纬 39°至 41°Landsat TM 影像作为原始数据。通过对 TM 影像数据的预处理，选取 1~5 波段、7 波段得到涵盖环鄱阳湖区两个时期的影像，分别解译得到土地利用类型信息。本书将提取的土地利用类型信息进行叠加，分别得到 2005 年、2010 年环鄱阳湖区的土地利用图（见图 5-5）。DEM 则是采用相同地域范围的 SRTM 影像数据。基于以上数据和已收集的城市化数据，本书建立起空间数据、时间截面数据的多元融合数据库，之后的计算和分析以此为基础展开。

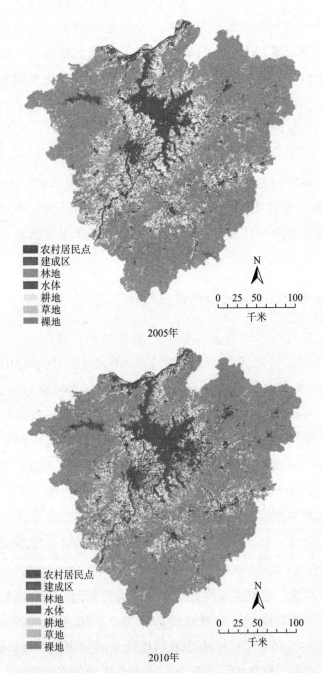

图 5 - 5 环鄱阳湖区 2005 年和 2010 年土地利用情况

资料来源：中国行政区划矢量图。

从图 5-5 观察发现环鄱阳湖区地形分类以耕地、林地和水体为主，城市化所在的建成区面积从 2005 年到 2010 年有所增加。因为农村居民点面积相对较小，且城市化的过程表现为由农村演变为城市，本书在 CML 建模分析中将单独突出建成区和农村居民点，并将裸地并入耕地、草地并入林地，以达到减少运算量的目的。

本书将 ArcGIS10.1 环境下生成的土地利用图栅格化后再进一步转换为 ASCII 格式，导入 IDRISI 15.0 中进行重分类后，利用 2005 年与 2010 年两期的环鄱阳湖区土地利用图进行 Markov 分析，得到研究区的土地转移概率矩阵，其中每行数据之和均为 1（见表 5-12）。

表 5-12　2005~2010 年环鄱阳湖区土地转移概率矩阵

地类转移概率矩阵		2010 年						
		建成区	农村居民点	水体	耕地	林地	草地	裸地
2005 年	建成区	0.9004	0.0133	0.0158	0.053	0.0128	0.0025	0.0022
	农村居民点	0.0575	0.8113	0.015	0.1052	0.0086	0.0022	0.0002
	水体	0.014	0.0021	0.938	0.0323	0.0066	0.0053	0.0017
	耕地	0.0244	0.0148	0.0328	0.8859	0.0378	0.003	0.0013
	林地	0.0045	0.0011	0.0028	0.0342	0.946	0.0104	0.001
	草地	0.021	0.0074	0.0526	0.1535	0.226	0.5363	0.0032
	裸地	0.2712	0.0403	0.053	0.14	0.0377	0.006	0.4518

从表 5-12 中可以看到，2005~2010 年各地类均依照较大概率保持为原地类，剩余部分转化为其他地类。建成区面积的变化主要发生在向农村居民点、水体和耕地的转化上，其中主要是向耕地转化，其次是向水体和农村居民点转化，初看起来似乎很奇怪，但这一现象的出现也并非不能理解，这表明环鄱阳湖区土地利用格局是在不断变化的，城市边缘的消长转化可以侧面地反映出城市在地理上位置的迁移。再看农村居民点，以 0.8113 的概率保持为原来的地类，余下的面

积主要向耕地和建成区转化，转化为耕地的原因可能是随着技术的进步，传统农耕方式已逐渐消失，更为先进的耕种技术的普及使得农业更具规模化和集约化，这导致从事农业生产的劳动力减少，但同时劳动效率有效提高，从而农村居民点变少而耕地面积扩大；而农村居民点向建成区面积转化的现象一定程度上也反映出环鄱阳湖区内农村向城市转化的动态过程。从表5－12中还发现一点，即水体的变化方向主要是（以0.0323的概率）向耕地转化，可见环鄱阳湖区的水资源减少的主要原因是被开垦为耕地。对林地的观察也有类似的结果，5年间，林地除维持自身原有类型外，有0.0378（剩余概率中最大）的概率转化为耕地。综合对水体和林地的观察可知，人们对耕地需求的供给主要源于水体改造和森林开发。草地和裸地在环鄱阳湖区内所占面积比重很小，在之后的分析中，简化起见将裸地并入耕地地类，草地则并入林地地类。

四　城市土地变化驱动的影响因子分析

对环鄱阳湖区各地类，本书以2005～2010年发生的变化面积作为因变量，在作用城市化的影响因子（进行标准化后）下进行Logistic回归，进行ROC检验后根据回归结果制作适宜性图集。理论上ROC指数越接近于1则结果越好，若为0.5则为随机匹配，在表5－13的检验结果中水体、建成区和农村居民点的ROC检验结果大于0.7，耕地和林地的值在[0.60，0.70]之间，虽然结果不是特别匹配，但考虑到影响土地利用变化的许多因素诸如土壤侵蚀量、降雨、积温等由于数据难以获取而暂时没有纳入影响因子中，并且主要研究对象是建成区和农村居民点，因而这一结果还是被认为可以使用的，最终的情景模拟图会较为粗糙，但仍大致可以将环鄱阳湖区城市异速增长模拟出来。具体的土地利用变化影响因子逻辑回归方程系数以核心区为例见表5－13。

表 5 – 13　土地利用变化影响因子逻辑回归方程系数

环鄱阳湖区	水体	建成区	农村居民点	耕地	林地
Intercept	– 3.31	– 4.22	– 4.12	– 3.57	– 4.26
坡度	– 5.94	– 3.20	– 5.14	– 1.51	– 1.04
与水体距离	—	– 1.92	14.34	– 4.86	– 7.57
与建成区距离	– 23.91	—	– 21.58	– 6.63	– 9.67
与农村居民点距离	0.30	– 12.86	—	– 3.82	1.51
与耕地距离	– 15.96	– 3.37	– 48.96	—	– 10.68
与林地距离	11.02	3.47	0.51	– 19.04	—
GDP	– 2.92	0.06	– 1.65	1.66	—
非农人口总数	– 0.37	2.17	1.54	– 3.26	– 0.09
城镇投资额	– 0.06	1.41	– 1.19	0.72	0.71
第三产业占 GDP 比重	– 1.70	0.43	– 0.83	0.34	1.09
实际利用外资额	2.83	0.55	2.42	– 0.19	– 1.36
学校数	3.35	0.03	0.87	1.03	– 0.38
医院床位数	– 0.67	1.84	– 0.27	1.04	0.42
ROC	0.83	0.72	0.76	0.65	0.61

注：为简化运算，将裸地并入耕地、草地并入林地后进行 Logistic 分析，ROC 指数为 0.5 表示随机匹配，该值越接近于 1 表明匹配结果越好。

表 5 – 13 中横列代表驱动土地类型变化的各影响因子，纵列则是环鄱阳湖区内的各地类。由此可以发现，自然因素坡度对各地类的变化为负向影响，坡度越高则越不适于人类活动，也会影响作物的生长分布。适合人类活动的坡度范围为 2°以内，江西以丘陵地貌为主，环鄱阳湖区 95% 以上的农村居民点焦聚分布在坡度等级 Ⅰ – Ⅱ 级（0 – 6°）之间，周围山脉分布区域坡度区间为 Ⅲ – Ⅳ 级（2° – 15°），平原农田和高山梯田都可满足不同农作物耕种的需要，坡度并不是主要的影响因素。

环鄱阳湖区建成区和农村居民点的转化与各经济类因素密切相

关,由表 5 - 13 中系数看,在影响建成区面积变化的驱动因子中 GDP 系数为 0.06,表明 GDP 的增加会引起建成区面积的扩张,系数较小可能是由于经济不发达的地区不会直接向城镇转化;而农村居民点的 GDP 系数为 - 1.65,表明随区域 GDP 的增加农村居民点面积变化有减少的趋势,减少的面积很有可能转化为了建成区面积,而经济总量也随之有所增加。城镇投资额的增加对建成区面积的扩张起着重要作用,而农村居民点的变化则对这一指标影响不大。第三产业的发展以及人口因素则对向城镇用地转化具有举足轻重的影响,城镇的兴起是以第二产业的繁荣发展为基础的,第三产业的发展则是城市化进入成熟阶段后的必然趋势,非农人口的增多也是发展城镇的必备条件,流动的人口将带动地区间的劳动力流、物流、信息流,拉动地方经济,发展地方文化,使城市化的概念更为饱满。城市化进程中需要大量的资金保证,除国家与地方政府支持外,引用外资也是维持城市开发建设和稳健发展的卓有成效的一个途径,建成区和农村地类都受实际利用外资额的正向影响,可见环鄱阳湖区城市异速增长发展离不开外资的支持。

五 城市异速增长的情景模拟

本书在 IDRISI 15.0 的平台下,将 Markov 模型中得到的土地转移概率矩阵和土地变化驱动力影响因子分析模型中生成的土地适宜性图集一同作为元胞自动机的转化规则分别进行运算。本书为对比环鄱阳湖区城市异速增长演变的分析,将运算结果中的建成区和农村居民点单独提取出来作图,并与 2005 年和 2010 年两期对比(见图 5 - 6)。

不难发现,2005～2010 年环鄱阳湖区的建成区面积变化不多,农村居民点分散,而以 2005～2010 年环鄱阳湖区的城市异速增长为基础预测未来 10 年三种情景模拟下的城市异速增长总体表现为:南昌、九

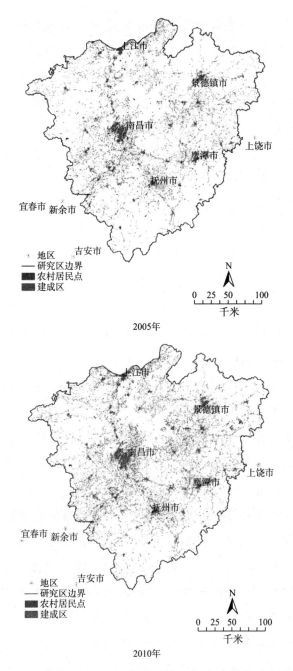

图 5 – 6 环鄱阳湖区 2005 年和 2010 年建成区与农村居民点

资料来源：中国行政区划 1∶400 万矢量图。

江、抚州、鹰潭、景德镇 5 大地级市的建成区面积有较明显的扩张趋势，这 5 大城镇集中点由建设用地贯通合围鄱阳湖，隐约形成了一个以南昌为"燕头"，九江和抚州为"两翼"，景德镇为"燕尾"的城镇发展格局；城市异速增长的演化趋势则表现为城镇集中点附近呈愈加集中紧凑的态势，农村居民点面积有明显扩张趋势。

（1）自然发展型异速增长情景。定义在自然发展情景下，研究区的各地类在其原有格局上沿用过去的转化规律自由发展，没有过多的外界因素对其进行干扰。经模拟发现，2015 年和 2020 年自然发展型下的城市异速增长显示南昌市周边的建成区有大面积扩张，扩张范围主要是临鄱阳湖地区和向南部延伸，南昌市的地位变得尤为凸显。九江市和景德镇市的建成区面积有所增加但幅度不大，抚州和鹰潭基本没有变化。

另外，农村居民点有较大的变迁，从 2005 年至 2020 年，自然发展状态下的环鄱阳湖区农村居民点由小规模散乱分布逐步在鄱阳湖东北方向形成小规模聚集发展态势。值得注意的是，鄱阳湖附近的滩地和沼泽地有一部分因城市建设被侵占，湿地对自然生态系统和城市生态系统而言都非常重要，它不仅具有涵养水源、洪水调蓄、调节气候、保护土壤和促进营养物质循环等多种功能，还能够增加城市景观，带来经济效益。无论从生态环境角度还是从经济发展的角度，鄱阳湖湿地都不宜被大面积侵占，政府应给予适当的政策保护。

（2）首位型异速增长情景。在首位型异速增长情景的设定中，将南昌和九江连在一起成为一体双中心的增长极，但南昌地位仍旧高于九江。此外还考虑了对鄱阳湖水资源的保护，在 CA 模拟时加入了约束。从模拟的结果来看，南昌市的建成区面积有所扩张但不及自然发展情景下的扩张面积大，九江市的建成区略有扩张但不甚明显，景德镇市所处的环鄱阳湖区东北部县市的建成区面积则有显著的扩张。昌九一体化将南昌市和九江市更紧密地结合起来，试图一改九江与南昌

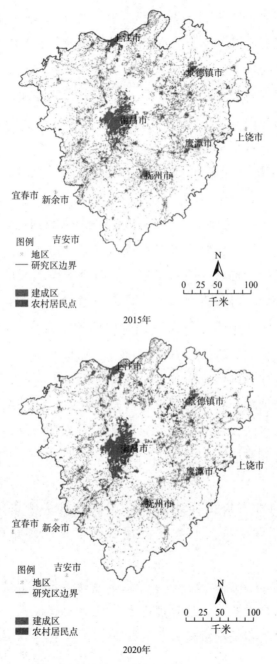

图 5 - 7 自然发展情景的城市化进程（2015 年和 2020 年）

资料来源：中国行政区划 1∶400 万矢量图。

之间的竞争关系，将其转换成合作共赢，充分发挥双方的现有优势，使两地呈现优势互补的态势。在首位型的异速增长情景模拟下，九江市未像自然型情境下发展得那么迅速，而是主要促进了南昌的城市化发展。并且值得一提的是，从图5-8可以清楚地看到，环鄱阳湖区东北部地区有明显的城市聚集现象，一些原来规模较小的城镇在未来10年中逐渐发育，甚至有形成另一个中心的可能，这些现象表明在首位型异速增长情景设定下的昌九一体化还带动了景德镇片区城镇的扩张。

另外，图5-8反映出的一个明显特征是农村居民点的聚集，从中可以看到农村居民点主要集中在南昌市周边，由小变大、由分散变集中；并且随时间的推移有向九江和抚州两个方向延展的趋势，其中以向抚州方向伸展的势头更为明显。图5-8清晰地描绘出了农村居民点由2005年和2010年的零散无章分布逐渐演变为向南昌靠拢的格局。在更远的未来这些农村居民点聚集成为一定规模后可能进一步转化为城镇，建成区面积则随之扩张，而它们向抚州方向的发展趋势表明首位型异速增长情境下，作为中心的南昌与抚州之间关系更为密切，这些新成长的农村居民点会逐渐沿交通主干道延伸，从而成为加速昌抚经济联系的过渡区间。

总体来说，首位型异速增长情形下的环鄱阳湖区城市异速增长演变相比自然发展型异速增长而言没有过多侧重于省会南昌的发展，而是用联结昌抚的方式实现带动了整个环鄱阳湖区的均衡化发展。

（3）等级型异速增长情景。等级型异速增长情形是以城市等级金字塔为发展目标设置的，这是理论上的理想发展模式，是在首位型发展基础上更进一步的高级模式。

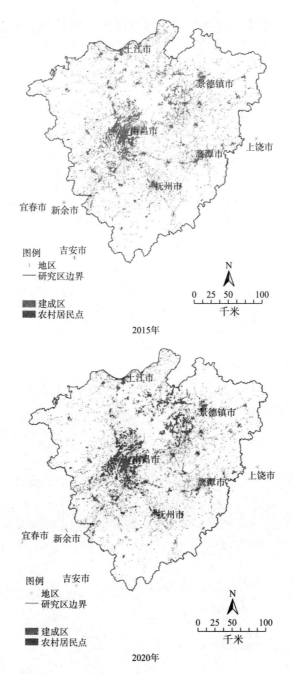

图 5 - 8　首位型情景的城市化进程（2015 年和 2020 年）

资料来源：中国行政区划 1：400 万矢量图。

从图5-9可以看到金字塔等级型的发展与首位型的发展结果有类

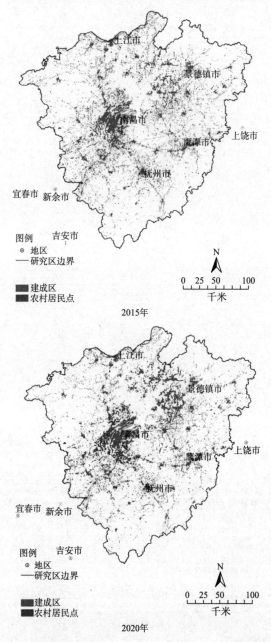

图5-9 等级型情景的城市化进程（2015年和2020年）

资料来源：中国行政区划1:400万矢量图。

似之处，表现为南昌的发展势头更为强劲，环湖东北区的发展更具规模，同时农村居民点的扩展范围也类似。然而较之首位型的异速增长发展，等级型异速增长情景下的建成区面积扩张力度稍小，从环湖东北区的城镇发展在 2015 年和 2020 年两时期内都稍微滞后于首位型下的发展可以看出；农村居民点的发展相比首位型也有类似的滞后趋势。

等级型异速增长情景比首位型异速增长情形理论上是更有优势的，在历经首位型的发展后会逐渐向金字塔等级型模式发展。本书对环鄱阳湖区的模拟中两者发展趋势类似但同一时段内发展速度不同，首位型的发展可能快于理想发展速度，等级型的发展对周边资源环境产生的压力更小，对人口等城市化因素的变迁发展控制力更强。

第六章 水环境约束下的湖域城市群空间网络结构绩效分析

第一节 环鄱阳湖区和密歇根湖区城市群网络结构经济联系比较

一 社会网络分析方法与城市引力模型介绍

本书采用的空间范围为环鄱阳湖和环密歇根湖城市群，以县级单位为节点，其中有关市的概念均为市区概念，数据源于统计年鉴及GIS 软件提取的数据。

为了使网络的结构特征更清晰更直观，本书在整个研究区域和下分的圈层中只选取强经济联系进行分析。本书借鉴计算城市间经济联系的典型公式以及王欣等（2006）对城市引力模型的优化方法，得出修正后的城市间经济联系模型来计算经济联系强度，其公式为：

$$R_{ij} = k_{ij} \frac{\sqrt{P_i G_i} \sqrt{P_j G_j}}{D_{ij}^2}, k_{ij} = \frac{G_i}{G_i + G_j} \qquad (6-1)$$

其中，R_{ij} 为城市 i 对城市 j 的经济联系，k_{ij} 为城市 i 对 R_{ij} 的贡献率，P_i 为非农业人口数，G_i 为地区的 GDP 值，D_{ij} 为地区 i 与 j 之间的最短公路里程。

网络中心度：中心性是一个重要的结构位置指标，评价一个对象的重要程度，衡量其地位优越性或特权型等常会使用这一指标。中心度分为三种形式：点度中心度、紧密中心度和中介中心度。

使用点度中心度的计算公式为：

$$C_D(n_i) = d(n_i)/(g-1) \qquad (6-2)$$

其中，$d(n_i) = \sum\limits_{j=1} X_{ij}$，$X_{ij}$ 是节点 i 与节点 j 之间的关系，g 是网络中的城市节点数。

使用紧密中心度计算公式为：

$$C_c(n_i) = \sum\limits_{j=1} d(n_i, n_j) \qquad (6-3)$$

其中，$d(n_i, n_j)$ 代表 n_i 与 n_j 之间的距离。在一个网络中，这一指标要求很高，必须是完全相连的图才可以计算紧密中心度。

而中介中心度计算公式为：

$$C_B(n_i) = \frac{\sum\limits_{j<k} g_{jk}(n_i)/g_{jk}}{(g-1)(g-2)} \qquad (6-4)$$

其中，g_{jk} 是节点 j 到节点 k 的捷径数，$g_{jk}(n_i)$ 是节点 j 的快捷方式上有节点 k 的快捷方式数。

小团体：网络中某些关系特别紧密的节点，以至于集结成一个次级团体，这是一个网络的总体结构指标，研究小团体的特征可以反映网络的结构特征。在此处的分析中，本书使用绘图法分析小团体。在做分析之前，需要把联系矩阵转化成只有强联系的矩阵。

角色：从分析一个网络的结构同型性入手，将结构同型的节点归为一类，将不同的类型归纳为若干个角色，将网络内所有节点都映射到相应的角色中去，形成区块矩阵，然后分别计算角色内的以及角色间的关系密度，成为密度表，最后选择一项判断标准，形成印象矩阵与精简的图形。这时一个网络中所有节点的角色便被分类，并且定义清晰，可以方便地找到角色与角色之间的相互关系。本书在分析结构同型时使用 Concor 方法，Concor 法是以相关为基础发展出来的方法，是两个节点之间的相关系数，公式如下：

$$r_{ij} = \frac{\sum (x_{ji} - \bar{x}_i)(x_{kj} - \bar{x}_j) + \sum (x_{ik} - \bar{x}_i)(x_{jk} - \bar{x}_j)}{\sqrt{\sum (x_{ki} - \bar{x}_i)^2 + \sum (x_{ik} - \bar{x}_i)} \cdot \sqrt{\sum (x_{kj} - \bar{x}_j)^2 + \sum (x_{jk} - \bar{x}_j)}},$$
$$i \neq k, j \neq k \tag{6-5}$$

二 环鄱阳湖区与密歇根湖区城市群经济影响区分比较

（一） 模型构建

因为 Bass 模型建模思想基本符合"湖泊效应"假设与城市空间结构的扩散原理，故可以引用来解释湖泊如何影响周围城市经济，其基本形式为：

$$f(t) = [1 - F(t)][p + qF(t)] \tag{6-6}$$

本书基于"湖泊效应"的理论假设，在 Bass 扩散模型基础上加以拓展，将其形式变为：

$$f(r) = [1 - (b/a + c/b)H(r)][p + q(b/a + c/b)H(r)] \tag{6-7}$$

式 (6-6)、式 (6-7) 中，$f(r)$ 定义为距离湖泊中心半径为 r 处城市经济影响区的边际效益影响力；$H(r)$ 定义为距湖泊中心为 r 处的相对潜在效益影响力，其中，$H(0) = 0$，$(b/a + c/b)H(r) = 1$，$0 \leqslant (b/a + c/b)H(r) \leqslant 1$，$r$ 为最大扩散半径；a 为湖泊周围适宜居住系数，b 为湖泊对城市经济的影响力，c 为其他地理要素对城市经济的影响力；b/a 为湖泊与适宜居住条件的相对比率，c/b 为其他要素与湖泊对城市经济影响力的相对比率；参数 p 定义为城市个体因素的影响系数；参

数 q 定义为城市非个体因素的影响系数。求解（6－7）式可得：

$$F(r) = 1 - (b/a + c/b)H(r) = [(ab - b^2 - ac)/ab]\{[1 - e^{-(p+q)r}]/$$
$$[1 + pe^{-(p+q)r}/q]\} \qquad (6-8)$$

其中：$F(r)$ 为 r 处的绝对潜在效益影响力，因此该处实际的效益影响力度为：

$$G(r) = 1 - F(r) = [b^2 + ac + (abp/q + ab - b - ac)e^{-(p+q)r}]/$$
$$\{ab[1 + pe^{-(p+q)r}]\} \qquad (6-9)$$

对其求导，可得：

$$G'(r) = [b^2 + ac - ab(1 + p/q)e^{-(p+q)r}]/ab[(1 + p/q)e^{-(p+q)r}]^2$$
$$(6-10)$$

因此，可得如下结论：一是，距湖泊较近城市经济影响区，$b > a$，$G'(r) \geq 0$，城市经济受湖泊影响程度随距离增加逐渐增大；二是，随距离增加，且无其他地理要素影响时，$a > b$，$c = 0$，$G'(r) \leq 0$，城市经济受湖泊影响程度随距离增加呈减小趋势；三是，当其他地理要素的影响程度大于湖泊的影响程度时，$c > b > a \geq 0$，$G'(r) \geq 0$，城市经济受湖泊影响程度呈上升趋势。

（二）研究方法

本书采用了缓冲区分析法、非线性回归和极值法、专题地图和类型划分法对研究区进行了分析。首先，在 ArcGIS 软件 1∶100000 比例尺矢量地图基础上，选择合适的坐标系，地图基本单位为米，以湖面状数据为中心，实际距离 1km 为缓冲半径递增单元，生成正缓冲区；将缓冲区与研究区域叠加分析，产生各个缓冲带，统计各缓冲带中城市个数、道路长度、缓冲带面积。其次，计算出湖区不同距离范围内的城市密度、交通密度，生成折线图，非线性回归分析得到 3 阶变化趋势线，极值点是变化趋势的拐点，同时也作为不同城市经济影响区的分界点。对于鄱阳湖区城市群考虑到地域的完整性，把一个行政单元划分到一个城市经济影响区中；行政单元的点数据在某一城市经济影响区内，就将该单元划分到该影响区中（密歇根湖区因为行政区形状比较规则，所以没有进行处理）。

（三）结果分析

本书由缓冲区分析法得到各缓冲带中的城市个数、道路长度、缓冲带面积，根据统计数据，计算增加一个城市点时，相应的面积增量和交通长度增量。本书用鄱阳湖区城市个数增量（1 个）除以面积增量，得到城市密度并生成城市密度变化趋势线（见图 6 - 1）；交通长度增量除以面积增量，得到交通密度并生成交通密度变化趋势线（见图 6 - 2）。由密度变化趋势线方程分别计算极值，将其作为 3 个城市经济影响区的初始分界点。

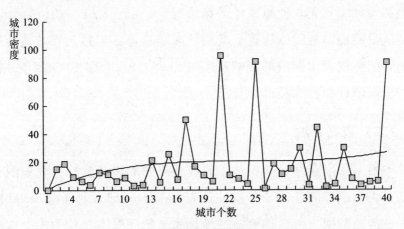

图 6 - 1　环鄱阳湖区环湖城市密度分布

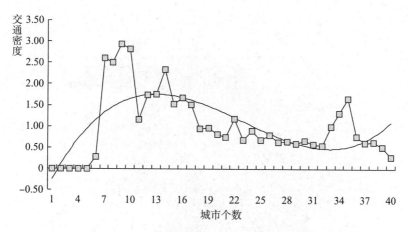

图 6 - 2 环鄱阳湖区环湖的交通密度分布

城市密度变化趋势线 3 阶方程:

$$y = 0.0016x^3 - 0.1151x^2 + 2.759x^1 - 1.5269 \qquad (6-11)$$

经计算,极值 $x^1 = 20.71$,$x^2 = 21.629$。点 x^1 对应缓冲半径 $D_1 = 47.478\text{km}$,点 x^2 对应缓冲半径 $D_2 = 49.5096\text{km}$。

同理,交通密度变化趋势线也采用 3 阶方程:

$$y = 0.0003x^3 - 0.0228x^2 + 0.4257x^1 - 0.6525 \qquad (6-12)$$

经计算,极值 $x^1 = 12.33$,$x^2 = 32.83$。点 x^1 对应缓冲半径 $D_1 = 31.73\text{km}$,点 x^2 对应缓冲半径 $D_2 = 84.086\text{km}$。

最终鄱阳湖区 3 个城市经济影响区的缓冲半径分别确定为 $D_1 = 32\text{km}$,$D_2 = 84\text{km}$,$D_3 = 110\text{km}$。

同理,密歇根湖区 3 个城市经济影响区的缓冲半径分别为 $D_1 = 30\text{km}$,$D_2 = 72\text{km}$,$D_3 = 100\text{km}$(见图 6 - 3)。

圈层结构:综合以上模型分析结果,并结合专题地图得到研究区 3 个城市经济影响区的圈层结构(见表 6 - 1 和表 6 - 2)。

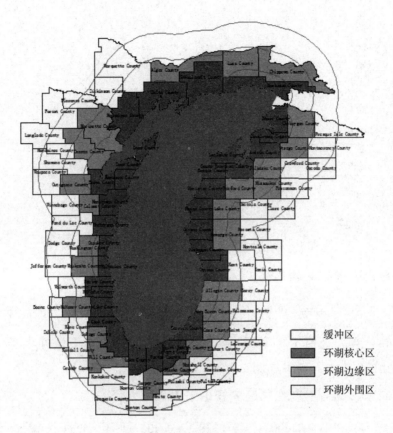

缓冲区

环湖核心区

环湖边缘区

环湖外围区

图 6 - 3　环密歇根湖区缓冲区划分

资料来源：国家基础地理信息中心中国行政地区（1:400 万）经作者缓冲区作图。

表 6 - 1　环鄱阳湖区城市经济影响区圈层结构

城市经济影响区	缓冲半径（千米）	城市个数（个）	行政区域
环湖核心区	32	14	南昌市区、南昌县、新建县、进贤县、九江市区、九江县、星子县、永修县、湖口县、德安县、都昌县、东乡县、余干县、鄱阳县

续表

城市经济影响区	缓冲半径（千米）	城市个数（个）	行政区域
环湖边缘区	84	20	瑞昌市、彭泽县、景德镇市区、浮梁县、乐平市、抚州市区、鹰潭市区、余江县、贵溪市、崇仁县、金溪县、丰城市、樟树市、高安市、弋阳县、万年县、奉新县、安义县、靖安县、武宁县
环湖外围区	110	8	新干县、乐安县、宜黄县、南城县、资溪县、横峰县、德兴市、婺源县

表 6-2　环密歇根湖区城市经济影响区圈层结构

城市经济影响区	缓冲半径（千米）	城市个数（个）	行政区域
环湖核心区	30	29	Lake County、Porter County、LaPorte County、Cook County、Berrien County、Kenosha County、Racine County、Ottawa County、Milwaukee County、Muskegon County、Ozaukee County、Oceana County、Sheboygan County、Mason County、Manitowoc County、Manistee County、Brown County、Kewaunee County、Benzie County、GrandTraverse County、Door County、Leelanau County、Antrim County、Charlevoix County、Emmet County、Menominee County、Delta County、Mackinac County、Schoolcraft County
环湖边缘区	72	24	Jasper County、Starke County、Will County、Saint-Joseph County、DuPage County、Cass County、Van-Buren County、McHenry County、Allegan County、Waukesha County、Washington County、Newaygo County、Calumet County、Missaukee County、Wexford County、Outagamie County、Kalkaska County、Otsego County、Oconto County、Marinette County、Cheboygan County、Chippewa County、Alger County、Luce County

城市经济 影响区	缓冲半径 （千米）	城市个数 （个）	行政区域
环湖外围区	100	43	Benton County、Iroquois County、White County、Newton County、Pulaski County、Fulton County、Kankakee County、Kosciusko County、Grundy County、Marshall County、Kendall County、Elkhart County、LaGrange County、DeKalb County、Saint-Joseph County、Kane County、Kalamazoo County、Boone County、Barry County、Walworth County、Ionia County、Jefferson County、Kent County、Montcalm County、Dodge County、Mecosta County、FondduLac County、Clare County、Osceola County、Winnebago County、Roscommon County、Waupaca County、Oscoda County、Crawford County、Shawano County、Menominee County、Montmorency County、Langlade County、PresqueIsle County、Forest County、Florence County、Dickinson County、Marquette County

（四）验证

区域城市密度指的是单位区域面积内城市个数，它可以反映出区域内城市的紧密程度，同时也是区域城市群空间网络结构发展状况的一个反映。本书利用各建制镇政府驻地的图形数据，用 Kernel 方法生成环鄱阳湖区城镇分布的密度图（见图 6 - 4），可以发现以下特征。环鄱阳湖区城镇分布的总体格局是环湖核心区的城镇分布较为密集，环湖边缘区和外围区逐渐稀疏；环湖核心区的南昌市、九江市、南昌县、新建县和永修县等是环鄱阳湖区城镇高密度分布区，密度值每 $100km^2$ 为 1.4～1.58；环湖边缘区的浮梁县每 $100km^2$ 为 0.35，属于城镇较为稀疏的地区，而整个环湖边缘区的平均密度为 $0.86/100km^2$；环湖外围区的城镇平均密度为 $0.63/100km^2$，是三个区域中城镇平均分布密度最为稀疏的地区。这个研究成果可以用来验证湖泊对周围城市经济影响的模型的适用性。

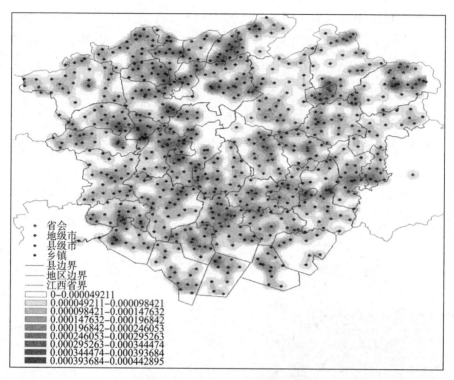

图 6 - 4　鄱阳湖城市密度情况

资料来源：中国行政区划矢量图。

三　环鄱阳湖区与密歇根湖区城市群网络结构经济联系比较

（一）环鄱阳湖城市群网络结构经济联系分析

（1）中心度分析。总体分析整个环鄱阳湖区点度中心点入度为2.425%，点出度为3.014%，整体网络的中介中心度为4.3%；这表明整个鄱阳湖区城市群的对外辐射影响及接受外部影响的能力都比较弱。南昌市的点出度远远高于环鄱阳湖区域内的其他地区，主要是向外辐射输出资源，在网络中对外辐射影响力最强。新建县在环鄱阳湖地区内是点入度最高的地区，接受其他地区对其的影响程度最大。整体网络的内向紧密中心度为16.92%，外向紧密中心度为30.48%，表明其内向经济联系紧密程度相对较低，对外经济联系较多。中介的工作主要是由南昌市区、贵溪市、新建县、南昌县和鹰潭市区来完成的，其中南昌市区和贵溪市的中介程度又相对较高，在未来的经济发展中，需要使这些城市的中介职能更有效地发挥出来。根据圈层分开分析：核心区的点度中心度点入度为7.575%，点出度为9.183%；边缘区点度中心度点入度为5.084%，点出度为5.933%；外围区城市相互之间存在较少的经济联系，呈现互相孤立的状态，经济发育程度是很低的。

（2）小团体分析。本书首先对环鄱阳湖区整体网络进行分析（见图6-5）。这可以直观地发现｛南昌市区、九江市区、抚州市区、景

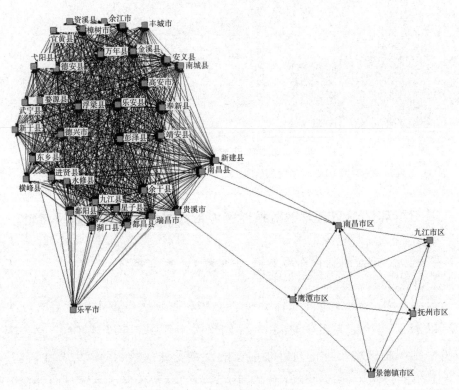

图6-5 整体网络关系

德镇市区、鹰潭市区｝是一个小团体，区域内其他地区则组成另一小团体。乐平市在其所在的团体中凸显出来，和团体内其他地区的关系相对较疏远，是一个内部经济凝聚力极高的地区，在整个网络中可以判定为经济联系最保守地区。在｛南昌市区、九江市区、抚州市区、景德镇市区、鹰潭市区｝小团体中，南昌市区和鹰潭市区是作为桥的节点。相对应地，另一团体中的南昌县、新建县和贵溪市也是作为桥的节点。作为桥的节点位置关键，它们的一个很重要的职能是区域间资源的传递。桥是信息的通道、资源交换的关节点，且团体中节点行政级别均为市级，体现了市级城市相对县级城市的经济优势。

　　本书接下来对三区分别进行分析（分析结果见图 6 - 6、图 6 - 7、图 6 - 8）。

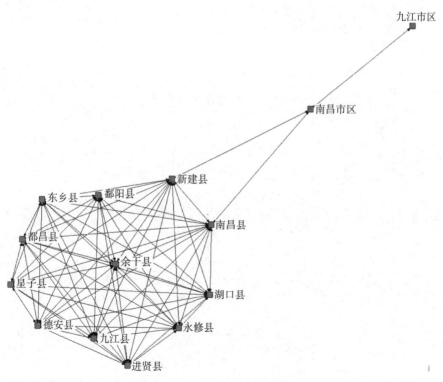

图 6 - 6　核心区网络关系

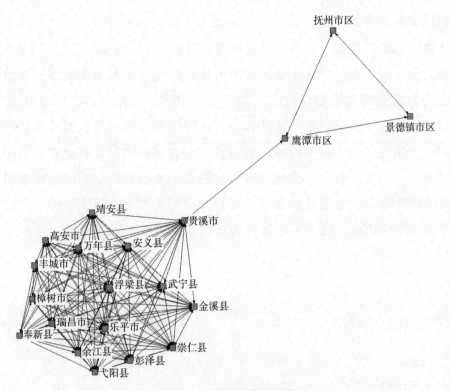

图 6 - 7　边缘区网络关系

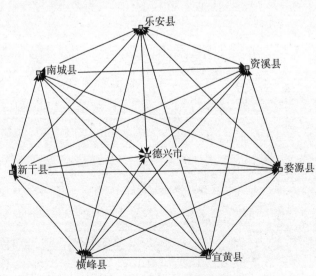

图 6 - 8　外围区网络关系

（3）角色分析：对环鄱阳湖区整体关系网络分析可分为 ｛南昌市区｝，｛景德镇市区，九江市区，鹰潭市区，抚州市区｝，｛新建县，南昌县，进贤县，湖口县，永修县，九江县，东乡县，余干县，鄱阳县，瑞昌县，彭泽县，星子县，浮梁县，都昌县，德安县，乐平市｝，以及其余地区组成的一个分类。本书相应地划分为四类：经济领导者（*A*），辐射输出（*B*），接受辐射（*C*），输出可接受程度都较低的普通角色（*D*）。环鄱阳湖区内的经济联系中对外输出与接受外来输出的两大区块之间近乎隔离，缺乏联系，更多的情况可能是经济较强的地区之间内部相互辐射影响对方的程度高，经济较弱的地区之间内部相互受对方影响程度较低。这样发展的趋势会符合马太效应。本书进一步分区分析得到以下结果。核心区划分为 ｛南昌市区，九江市区｝，处于经济领导地位；｛新建县，南昌县｝，为接受辐射影响的角色；｛进贤县，九江县，星子县，永修县，湖口县，德安县，都昌县，东乡县，余干县，鄱阳县｝，为普通角色。核心区内的角色分工是较为合理的，可以按照这样的角色布局继续发展。边缘区被分为 ｛瑞昌市，彭泽县，樟树市，浮梁县，乐平市，万年县，奉新县，余江县，靖安县，崇仁县，金溪县，丰城市，安义县，弋阳县，武宁县｝，｛贵溪市｝，｛抚州市区，景德镇市区｝，｛鹰潭市区｝。边缘区经济联系并未脱节，但层级较多，角色之间的信息、资源传递要经过的中介角色较多，这其中会产生相应的交易成本，成本过高则会对经济发展起阻碍作用，并且值得注意的是，在传递的过程中也容易由于种种不确定信息的干扰而扭曲传递。外围区关内的地区全部被分为一组，表明这些地区相互之间没有更多的信息传导与资源交流。

（二）密歇根湖城市群网络结构经济联系分析

分析方法模型与鄱阳湖区类似，同样可以得到密歇根湖区分析结果。

（1）中心度分析：环密歇根湖区城市群整体网络经济联系矩阵计

算得到整体网络的点度中心度点出度为 1.828%，点入度为 1.172%，经济向外辐射的能力强于接受外来影响的程度；从紧密中心度指标来看，整体网络中大体呈现外向紧密中心度高于内向紧密中心度的状态；网络的中介中心度为 2.00%，相比较其他的中心度指标来说是很高的，说明网络内部各种信息和资源的交换十分频繁，流通很顺畅。这些指标描述了这样一个现状：环密歇根湖区城市群网络中，经济联系主要表现为外向的联系，并且整体网络的中介程度很高，整个区域的经济运行状态可以说是十分活跃的。核心区的点度中心度点入度为 3.627%，点出度为 5.53%；从点度中心度分析来看，在核心区的经济联系中，无论是对外辐射影响其他地区或是接受其他地区或资源的程度都很高，且对外辐射的程度相对更高；从紧密中心度这一指标来看，核心区的内向紧密中心度为 18.81%，外向紧密中心度为 25.21%，区内的外向紧密中心度相对较高，说明核心区内各县的外向经济联系强于内向经济联系；从中介中心度指标来看，核心区的中介中心度为 3.93%，其中 Delta County、Emmet County、Muskegon County 和 Grand Traverse County 在区域内发挥着主要的中介作用。边缘区的点度中心度点出度为 6.245%，点入度为 4.298%，区域的点出度高于点入度；在紧密中心度指标上，边缘区内各县的内向紧密中心度整体偏低，外向紧密中心度则总体偏高；从中介中心度指标上看，边缘区网络中介度为 6.59%，其中 Newaygo County、Wexford County 和 Allegan County 中介程度较高，在区内发挥了主要的中介作用；边缘区的外向经济联系要比内向经济联系强，中介程度也较高，这意味着在整体网络中，边缘区不仅是介于核心区与外围区的中间过渡地带，也是主动向核心区提供信息和各种资源的中介地带。外围区的点度中心度点出度为 6.50%，高于点入度 2.158%；并且网络内各县紧密中心度呈现与边缘区相似的特征。总体来说，外向经济联系强于内向经济联系；区域内的中介中心度也较低，为 3.03%。

（2）小团体分析：环密歇根湖城市群内的各个县总体来说关系十分紧密，没有明显地划分出小团体，只有零星的一些县围绕分布在网络外部，并且相互之间不是完全孤立的。这可以认为，整体网络的经济发育程度是很高的。核心区的网络关系也十分紧密，但 Schoolcraft County 和 Mackinac County 显得十分特别（Schoolcraft County 被单独列出，只通过 Kewaunee County 与区域内其他县发生经济联系；Kewaunee County 在这里有类似结构洞的地位，网络内其他县只有通过它才能完全互相产生联系）。理论上，结构洞为其占据者获取"信息利益"和"控制利益"提供了机会，从而比网络中其他位置上的成员更具有竞争优势，然而，在环密歇根湖城市群中，Schoolcraft County 的各项中心度指标均为核心区内最低，这意味着在核心区中，它相当于是被孤立的一个节点，Kewaunee County 在其中并没有发挥结构洞地位的优势。类似地，Mackinac County 的各项中心度指标值也非常低，也是一个被孤立的节点。边缘区的关系网络图显示，区内县各异大致被分为三个小团体，｛Kalkaska County，Cheboygan County，Chippewa County，Otsego County，Missaukee County，Wexford County｝为一个小团体，孤立的节点｛Luce County，Alger County｝为一个小团体，余下的县则成为第三个小团体；网络中主要的两团体不仅自身内部经济联系紧密，而且相互之间也并非完全独立，只有 Luce County 和 Alger County 在边缘区中是被孤立的，应该建立并加强与网络内其他县节点的经济联系。外围区除 Florence County 被孤立出来以外，｛Forest County，Menominee County，Langlade County，Shawano County，Dickinson County｝，｛PresqueIsle County，Montmorency County，Oscoda County，Crawford County，Roscommon County，Clare County，Osceola County｝以及余下的县一同组成了外围区的网络；根据分析外围区的经济联系并不是那么紧密，小团体之间的信息与资源交流相对来说还有提高的空间。

（3）角色分析：环密歇根湖区整体关系网络分析。使用 Concor 法将整体关系网络划分为四个类别，分别命名为 *A*、*B*、*C* 和 *D*。角色 *A*、*B*、*C* 与 *D* 相互之间都有经济联系，其中角色 *A* 主要是对 *B*、*C*、*D* 输出影响；角色 *B* 与 *A* 之间的联系是双向的，既有输入也有输出；角色 *C* 则主要是接受 *A* 与 *B* 对它产生的辐射影响，同时不往外输出；角色 *D* 则是单方面只接受 *A* 的输入，并且它自身内部的经济联系也不十分紧密。本书使用 Concor 法画出的分类图将核心区、边缘区、外围区分为三种角色：*A* 处于经济领导地位，*B* 为接受辐射影响的角色，*C* 为普通角色。核心区的印象矩阵（见图 6-9）表明核心区内经济联系是紧密的，没有经济联系脱节的现象发生，角色 *A* 与 *B* 扮演更为重要的角色；角色 *C* 与 *D* 在网络中的地位则稍逊。边缘区和外围区角色分工一致，经济联系没有核心区那样紧密，角色 *C* 与 *D* 之间没有强联系；从图 6-10 来看，角色 *A* 为主导，角色 *B* 承接传导工作，角色 *C* 与 *D* 则被动地接受 *A* 与 *B* 的影响。

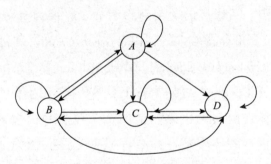

图 6-9 核心区印象矩阵

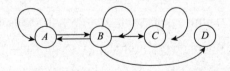

图 6-10 边缘区（外围区）印象矩阵

第二节　环鄱阳湖区和密歇根湖区城市群 空间网络结构绩效比较

一　湖域城市群空间网络结构绩效分析框架与指标体系

（1）分析框架。城市群空间网络结构绩效主要体现在城市分布、城市密度、通达性、社会经济联系密切性及各城市自身发展水平上，于是本书从空间分布、经济联系、社会联系、自身状态发育四个方面构建了城市群空间网络绩效分析框架作为指标体系建立的基础（见图6-11）。

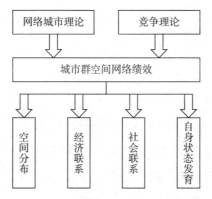

图 6-11　城市群空间网络绩效分析框架

（2）指标体系。本书根据城市群空间网络绩效的内涵，从以上四个方面构建出城市群空间网络绩效评价体系（见表6-3），其中加下划线的部分是采用的指标。本书采用3个投入要素（资本要素、自然资源要素和人力资源要素）和2个产出要素（经济产出要素、社会产出要素）来对城市群空间网络结构绩效进行评价。

表 6 - 3 城市群空间网络绩效评价指标体系

	指标组	指标
空间分布	缓冲区划分	缓冲区划分图
经济联系	经济投入	人力资源投入，资本投入，自然资源投入
	经济产出	地区生产总值
社会联系	交通	境内公路通车里程，交通密度，人均交通道路面积
	产业迁移	迁移产业数量
	流动人口	流动人口总数，流动人口占总人口比重
自身状态发育	各分区城市数量	城市数量
	城市规模	建成区面积，行政区域面积
	人口规模	非农人口总数，人口总数，非农人口比重
	生活质量	医院床位数，境内国际互联网用户数，人均 GDP，人均车辆数

（3）数据来源与研究方法。本书所用数据源于统计年鉴、实验室数据及 GIS 软件的提取数据。本书选取的是 DEA 的 BCC 模型和 Malmquist 指数模型。BCC 模型是在规模收益可变的模式下对决策单元（DMU）进行分析，其模型具体表述如下：

$$\begin{cases} \max \mu \\ \text{s.t.} \quad x_{i0} \geqslant \sum_{j=1}^{n} x_{ij}\lambda_j, i = 1, 2, \cdots, m \\ y_{i0}\mu \leqslant \sum_{j=1}^{n} y_{rj}\lambda_j, r = 1, 2, \cdots, s \\ \sum_{j=1}^{n} \lambda_j = 1 \\ \lambda_j \geqslant 0, j = 1, 2, \cdots, n \end{cases} \quad (6-13)$$

其中，j 为决策单元指标，$j = 1$，2，$\cdots$，n；i 为投入指标，$i = 1$，2，$\cdots$，m；r 为产出指标，$r = 1$，2，$\cdots$，s；x_{ij} 为第 j 个决策单元的第 i 个投入；y_{rj} 为第 j 个决策单元的第 r 个产出；λ_j 为第 j 个决策单元的非负权重；μ 为最优产出水平。

计算结果表明当纯技术效率为 1 时表示该单元技术有效，当纯技术效率小于 1 时为非技术有效。当规模效率为 1 时表示该单元规模有效，当规模效率小于 1 时表示该单元处于规模报酬递增或递减的阶段，为非规模有效。当某单元同时达到了技术有效和规模有效时，则称该单元为 DEA 有效单元；当两者只有一个达到时称该单元为弱 DEA 有效；两者都未达到时称该单元为非 DEA 有效。

本书采用的是规模报酬可变（VRS）、面向产出的、以 t 时刻和 $t+1$ 时刻为技术参照的 Malmquist 指数模型，具体定义如下：

$$
M_{t,t+1} = \frac{D_{t+1}^{v}(x_{t+1}, y_{t+1})}{D_t^{v}(x_t, y_t)} \times \left[\frac{D_t^{v}(x_t, y_t)}{D_t^{c}(x_t, y_t)} \middle/ \frac{D_{t+1}^{v}(x_{t+1}, y_{t+1})}{D_{t+1}^{c}(x_{t+1}, y_{t+1})} \right] \times
$$

$$
\left[\frac{D_t^{c}(x_t, y_t)}{D_{t+1}^{c}(x_t, y_t)} \cdot \frac{D_t^{c}(x_{t+1}, y_{t+1})}{D_{t+1}^{c}(x_{t+1}, y_{t+1})} \right]^{\frac{1}{2}} \tag{6-14}
$$

式（6-14）中，$D_t^{c}(x, y)$ 为规模报酬不变下的距离函数，$D_t^{v}(x, y)$ 为规模报酬可变下的距离函数。公式第一项为纯技术效率变化（Pure Technical Efficiency Change），第二项为规模效率变化（Scale Efficiency Change），第三项为技术水平变化（Technical Change）。第一项与第二项的乘积为技术效率变化（Technical Efficiency Change）。当 M_t，$M_{t+1} > 1$ 时，TFP 进步；当 M_t，$M_{t+1} < 1$ 时，TFP 退步；当 M_t，$M_{t+1} = 1$ 时，TFP 不变。当技术效率变化、纯技术效率变化、规模效率变化或技术水平变化大于 1 时，即表明它是 TFP 增长的源泉，反之，则是 TFP 降低的根源。

二　环鄱阳湖区与密歇根湖区城市群空间网络结构绩效评价

(一)环鄱阳湖城市群空间网络结构绩效评价结果

本书根据 DEA 的 BBC 模型和 Malmquist 指数模型,利用 DEAP2.1 软件分析,得出以下结论(见表 6 - 4)。

(1)效益比较:2010 年环鄱阳湖区有 71.5% 的城市纯技术效率和规模效率均达到 1,属于 DEA 有效单元;9.5% 的城市只有纯技术效率为 1,为 DEA 弱有效单元;19.0% 的城市纯技术效率和规模效率均小于 1,为非 DEA 有效单元;且不在生产前沿面的城市逐步向生产前沿面的城市靠近。本书通过计算得出,核心区综合效率均值为 0.968,边缘区的综合效率均值为 0.948,外围区的综合效率均值为 0.947,环鄱阳湖区城市群空间网络绩效呈现核心区 > 边缘区 > 外围区的规律。从规模报酬上看,核心区规模效率均值为 0.990,边缘区规模效率均值为 0.987,外围区规模效率均值为 0.951,规模效率也呈现核心区 > 边缘区 > 外围区的规律。

表 6 - 4　2010 年环鄱阳湖区 42 个城市 DEA - BBC 模型计算结果

城市	综合效率	纯技术效率	规模效率	规模报酬增减
德安县	0.886	0.974	0.910	↑
永修县	0.708	0.713	0.993	↓
东乡县	0.954	1.000	0.954	↑
彭泽县	0.799	0.801	0.998	↑
余江县	0.895	1.000	0.895	↑
武宁县	0.699	0.733	0.954	↓
奉新县	0.967	0.992	0.975	↑
高安市	0.850	0.892	0.953	↓

续表

城市	综合效率	纯技术效率	规模效率	规模报酬增减
万年县	0.980	1.000	0.980	↑
弋阳县	0.761	0.775	0.982	↑
新干县	0.958	0.97	0.988	↑
南城县	0.616	1.000	0.616	↑
其他城市	1.000	1.000	1.000	—

（2）Malmquist 指数分析：整个环鄱阳湖区城市群网络绩效是提升了的，这是由技术效率和技术水平变化引起的，其中技术水平的作用更大；环鄱阳湖区城市群空间网络发展变化呈现外围区 > 核心区 > 边缘区的规律（见表 6 - 5）。

表 6 - 5　环鄱阳湖区 Malmquist 指数算术平均值及分解

2008 ~ 2009 年	effch	techch	pech	sech	tfpch	2009 ~ 2010 年	effch	techch	pech	sech	tfpch
环鄱阳湖区	1.000	0.980	1.002	0.999	0.984	环鄱阳湖区	1.027	∞0.919	1.056	1.053	∞0.993
核心区[a]	0.950	1.153	0.992	0.953	1.080	核心区	1.107	∞0.857	1.022	1.074	∞0.952
边缘区[b]	1.055	0.866	1.035	1.019	0.915	边缘区	0.970	∞1.012	0.979	0.991	∞0.985
外围区[c]	1.016	1.115	1.000	1.016	1.133	外围区	1.011	1.036	1.000	1.011	1.047

注：effch 为技术效率变化，techch 为技术水平变化，pech 为纯技术效率变化，sech 为规模效率变化，tfpch 为全要素生产指数；a 代表除去余干县、崇仁县两个城市后剩余 40 个城市的算术平均值取值，b 代表除去余干县这个城市后剩余的环鄱阳湖核心区 13 个城市的算术平均值取值，c 代表除去崇仁县这个城市后环鄱阳湖边缘区 19 个城市的算术平均值取值。

（二）密歇根湖城市群空间网络结构绩效评价结果

密歇根湖区的绩效分析方法和模型同上面分析类似，这里只描述一下结果（见表6-6）。

表6-6　密歇根湖区效率分析

firm	crste	vrste	scale	
Lake，IL	1.000	1.000	1.000	
Lake，IN	0.724	0.772	0.938	irs
Porter	0.792	0.838	0.946	irs
LaPorte	0.588	0.654	0.899	irs
Cook	1.000	1.000	1.000	
Berrien	1.000	1.000	1.000	
Kenosha	0.727	0.729	0.997	drs
Racine	0.729	0.748	0.974	irs
Ottawa	0.722	0.724	0.997	irs
Milwaukee	0.843	0.859	0.981	irs
Muskegon	0.566	0.574	0.985	drs
Ozaukee	0.915	0.937	0.976	drs
Oceana	0.537	0.562	0.955	irs
Sheboygan	0.771	0.781	0.987	irs
Mason，MI	0.499	0.530	0.940	irs
Manitowoc	0.637	0.656	0.970	irs
Manistee	0.633	0.705	0.899	drs
Brown，WI	0.649	0.708	0.917	irs
Kewaunee	0.623	0.713	0.874	irs
Benzie	0.466	0.551	0.845	irs
GrandTraverse	0.696	0.729	0.955	irs
Door	0.457	0.495	0.922	irs
Leelanau	0.765	0.791	0.966	irs
Antrim	0.505	0.632	0.800	irs

续表

firm	crste	vrste	scale	
Charlevoix	0.630	0.678	0.930	irs
Emmet	1.000	1.000	1.000	
Menominee, MI	0.585	0.598	0.978	irs
Delta	0.488	0.509	0.959	irs
Mackinac	0.588	0.647	0.909	irs
Schoolcraft	0.595	0.708	0.841	irs
Jasper, IN	0.513	0.649	0.791	irs
Starke	0.516	1.000	0.516	irs
Will	1.000	1.000	1.000	
Saint Joseph, IN	0.717	0.792	0.905	irs
DuPage	1.000	1.000	1.000	
Cass, MI	0.687	0.800	0.858	irs
VanBuren	0.648	0.677	0.957	drs
McHenry	0.946	0.947	1.000	drs
Allegan	0.642	0.655	0.981	irs
Waukesha	1.000	1.000	1.000	
Washington, WI	0.835	0.837	0.998	irs
Newaygo	0.609	0.615	0.989	irs
Calumet	0.775	0.882	0.879	irs
Missaukee	0.462	0.712	0.649	irs
Wexford	0.466	0.630	0.741	irs
Outagamie	0.955	0.963	0.992	irs
Kalkaska	0.582	0.760	0.766	irs
Otsego	0.547	0.691	0.791	irs
Oconto	0.602	0.633	0.951	irs
Marinette	0.437	0.479	0.911	irs

firm	crste	vrste	scale	
Cheboygan	0. 442	0. 500	0. 884	irs
Chippewa, MI	0. 760	1. 000	0. 760	drs
Alger	0. 554	0. 690	0. 803	irs
Luce	0. 696	0. 831	0. 838	irs
Benton	0. 503	0. 885	0. 569	irs
Iroquois	0. 423	0. 459	0. 922	irs
White, IN	0. 504	0. 711	0. 709	irs
Newton	0. 566	0. 890	0. 636	irs
Pulaski, IN	0. 353	0. 816	0. 432	irs
Fulton, IN	0. 542	0. 908	0. 597	irs
Kankakee	0. 578	0. 623	0. 928	irs
Kosciusko	0. 805	0. 846	0. 952	irs
Grundy	0. 780	0. 871	0. 895	irs
Marshall, IN	0. 559	0. 716	0. 780	irs
Kendall	1. 000	1. 000	1. 000	
Elkhart	1. 000	1. 000	1. 000	
LaGrange	0. 674	0. 926	0. 728	irs
DeKalb, IL	1. 000	1. 000	1. 000	
Saint Joseph, MI	0. 617	0. 696	0. 887	irs
Kane	0. 948	1. 000	0. 948	irs
Kalamazoo	0. 778	0. 841	0. 926	irs
Boone, IL	0. 744	1. 000	0. 744	irs
Barry	0. 625	0. 665	0. 940	irs
Walworth	0. 734	0. 746	0. 984	irs
Ionia	0. 772	0. 776	0. 996	drs
Jefferson, WI	0. 599	0. 643	0. 931	irs
Kent	0. 915	0. 925	0. 989	drs

续表

firm	*crste*	*vrste*	*scale*	
Montcalm	0. 575	0. 613	0. 938	irs
Dodge	0. 733	0. 746	0. 982	irs
Mecosta	0. 885	0. 886	0. 998	drs
FondduLac	0. 703	0. 725	0. 969	irs
Clare	0. 405	0. 602	0. 673	irs
Osceola	0. 506	0. 693	0. 730	irs
Winnebago，WI	0. 661	0. 749	0. 884	irs
Roscommon	0. 449	0. 662	0. 678	irs
Waupaca	0. 529	0. 572	0. 925	irs
Oscoda	0. 374	0. 716	0. 522	irs
Crawford，MI	0. 468	0. 652	0. 718	irs
Shawano	0. 565	0. 580	0. 975	irs
Menominee，WI	1. 000	1. 000	1. 000	
Montmorency	0. 331	0. 697	0. 475	irs
Langlade	0. 494	0. 581	0. 852	irs
PresqueIsle	0. 424	0. 512	0. 829	irs
Forest	0. 626	0. 656	0. 953	irs
Florence	0. 640	1. 000	0. 640	irs
Dickinson	0. 577	0. 578	0. 999	irs
Marquette，MI	0. 625	0. 674	0. 928	drs
mean	0. 667	0. 757	0. 881	
Corezone	0. 766	0. 896	0. 857	
Marginalzone	0. 846	0. 920	0. 919	
Peripheralzone	0. 829	0. 869	0. 953	

注：IL 为伊利诺伊州，IN 为印第安纳州，MI 为密歇根州，WI 为威斯康星州；*crste* 为不考虑规模收益的技术效率（综合效率）；*vrste* 为考虑规模收益时的技术效率（纯技术效率）；*scale* 为考虑规模收益时的规模效率（规模效率）；最后一列 *irs*、*drs* 分别表示规模收益递增和递减。

（1）效率分析：环密歇根湖区有 11.3% 的城市纯技术效率和规模效率均达到 1，属于 DEA 有效单元；5.1% 的城市只有纯技术效率和 1.0% 的城市只有规模效率为 1，为 DEA 弱有效单元；82.6% 的城市纯技术效率和规模效率均小于 1，为非 DEA 有效单元；且不在生产前沿面上的城市逐渐向生产前沿面上的城市靠近。通过计算得出，核心区综合效率均值为 0.766，边缘区的综合效率均值为 0.846，外围区的综合效率均值为 0.829，环密歇根湖区城市群空间网络绩效呈现边缘区 > 外围区 > 核心区的规律。从规模报酬上看，核心区规模效率均值为 0.857，边缘区规模效率均值为 0.919，外围区规模效率均值为 0.953，规模效率呈现外围区 > 边缘区 > 核心区的规律。

（2）Malmquist 生产率指数模型计算结果：2001～2007 年整个环密歇根湖区城市群网络绩效是下降的，这是技术效率和规模效率共同作用的结果，其中规模效率的作用更为明显；环密歇根湖区城市群空间网络发展变化呈现外围区 > 核心区 > 边缘区的规律（见表 6 - 7）。

表 6 - 7　环密歇根湖区 Malmquist 指数算术平均值及分解

zone	effch	techch	pech	sech	tfpch
Corezone mean	1.175	0.637	1.025	1.147	0.748
Marginalzone mean	1.014	0.717	1.007	1.007	0.727
Peripheralzone mean	0.749	1.185	0.879	0.852	0.888
Total mean	0.845	1.037	0.904	0.935	0.877

注：effch 为技术效率变化，techch 为技术水平变化，pech 为纯技术效率变化，sech 为规模效率变化，tfpch 为全要素生产指数。

第七章　研究结论与讨论

第一节　研究结论

本书以水环境约束下的环鄱阳湖城市群为研究对象，基于"湖泊效应"与城市规模理论，运用 Bass 模型、基尼模型、分形模型、Kernel 非参数检验法、DEA-Malmquist 模型等方法，分析水环境约束下的环鄱阳湖城市群规模结构演变的过程和绩效。结论主要有以下几方面。

（1）探索出水环境约束下的环鄱阳湖城市群规模结构演变过程与冲击效果。首先，环湖城市群作为一类典型城市群，其城市规模结构生长更容易受到外来环境和政策的冲击，从而呈现非线性特征。本书对环鄱阳湖城市群城市规模等级结构和生长过程定性分析得出以下结论。①环鄱阳湖城市群城市规模结构演变的生长机制是一个运演递进的上升过程，城市群地域结构演化模型可以划分为分散发展的单核心城市阶段、城市组团阶段、城市组群扩展阶段和城市群形成阶段。②城市分布过程分析显示，环湖城市群首位城市影响较大，中间城市出现严重断层现象，中小城市数量多且处于较低水平发展，区域经济发展水平相对落后，资源配置比例不协调，产业结构不科学。③城市结构演变特征分析表明，环湖区整体城市化水平得到较快发展，中小城市晋升为大城市速度加快，首位城市与其他城市间差距呈现缩小趋势，但短时间内各规模城市之间转型比较困难，首位城市依然占主导地位。④城市结构演变规律分析显示，环湖城市群城市规模分布接近Zipf 的理想分布状态，具有比较明显的分形特征，同时能较好拟合 $\beta > 1$ 时的双帕累托对数正态分布曲线，各个规模等级城市数量比例较合理。

其次，本书根据建立的传统面板单位根与结构变化单位根检验对环鄱阳湖城市群城市规模结构演变的生长路径进行判断，并根据平稳面板动态模型与结构变化动态门槛模型对其生长过程进行揭示，研究主要有以下结论。①环湖城市群城市规模生长过程遵循 Gibrat 法则，城市规模结构演变路径呈现较弱的平行增长态势。②环湖城市群城市人口规模是一个平稳的宏观经济变量，突变年份普遍集中在 1994 ~ 2002 年，1995 年实施的"农业立省"和 2001 年推行的"工业建省"对研究区城市规模结构演变产生了系统性影响。③环鄱阳湖城市群城市人口增长率与人口规模之间存在长期相互作用关系，城市规模结构演变以门槛值 0.020 为分界线呈现两种状态，即人口增长率低于 2% 的县市的城市人口规模一直陷于停止增长甚至负增长的阶段，而人口增长率高于 2% 的县市，城市规模结构随着时间的增进，将处于快速增长阶段。

最后，本书在城市规模结构理论的基础上，对环鄱阳湖城市间距离与城市规模以及城市间距离与城市位序之间的关系进行了研究，结果显示：城市 i 的规模可由规模大于它且距离它最近的城市 n 的规模以及两城市间的距离解释，两者都对城市 i 的规模有正向影响，其中两城市间距离的影响更大。本书引入创新扩散因素，研究了环鄱阳湖城市体系创新扩散的特征以及创新扩散与城市规模、城市位序之间的关系，通过对 42 个城市进行聚类分析得到，环鄱阳湖城市规模与创新扩散能力具有较高的一致性，城市规模等级越高，其创新扩散能力也越强，这表明中心城市有利于创新扩散。

（2）本书总结出水环境约束下的环鄱阳湖城市群城市异速增长的过程与规律。首先，本书以水环境约束为独特背景，对水资源状况和环鄱阳湖城市群城市规模结构进行分形，发现湖泊水质分形值具有外围区大于核心区大于边缘区的规律，即外围区水污染大于核心区大于边缘区；环鄱阳湖区城市群的规模结构总体来说呈"橄榄型"发展，城市规模分布较为集中，中间位序的城市较多，超大城市始终只有南昌市一个。其次，本书对环鄱阳湖区城市群从人口、经济、生活和空间的角度分别进行了异速增长分析，发现经济对人口始终是正异速增长的；对人口和生活发展水平的异速增长现象研究发现城市化进程中人们对医疗保障资源的分享力度不够、对教育资源投入过少等问题；人口和空间扩展状态的异速增长分析指出，建成区面积历经了适宜现有人口居住活动，到渐渐满足不了人口对空间资源的需求，再到逐渐改善这一矛盾的过程。

（3）本书揭示水环境约束下的环鄱阳湖城市群城市异速增长的机制和情景模拟。首先，本书从区位、经济发展、基础设施和资源禀赋四个层次构建了城市异速增长影响因素的分析框架，在此基础上运用二分类 Logistic 回归模型对环鄱阳湖城市群异速增长的影响因素进行分析，发现非农人口总数、城市建成区面积还有第二、三产业产值比重数量值的变化对环鄱阳湖区各城市的异速增长曲线影响非常大。其次，本书将环鄱阳湖区城市群分区块范围，运用 Dendrinos-Sonis 模型从竞争合作的角度出发研究城市群城市异速增长的原因，发现环鄱阳湖区城市群对非农人口资源是竞争与合作并存；各城市在对经济资源的竞争上是极不均衡；由于地方政府土地经济驱动的关系，地级市之间没有表现出建成区面积的竞争互补关系，整个环鄱阳湖区在土地资源的配置上不均衡，城市之间利用土地资源发展的速度也相对不同。最后，本书通过设定自然型、首位型和等级型三种异速增长情景对环鄱阳湖区城市群 2010～2020 年的城市异速增长进行了模拟。

（4）本书比较水环境约束下的环鄱阳湖城市群与密歇根湖城市群空间网络结构绩效。首先，本书借鉴社会网络分析方法和城市引力模型，从网络的基本形态、结构属性和网络特征三个维度对环鄱阳湖区和环密歇根湖区城市群整体和分区的经济联系进行了比较研究。①从网络中心性角度看，环鄱阳湖区经济联系主要表现为内向的联系，整体网络的中介程度不高，而环密歇根湖区城市群网络则相反。②从小团体分析结果看，两个研究区的整体网络都联系紧密，而环密歇根湖的核心区网络则出现了结构洞。③从角色分析视角看，环鄱阳湖的整体网络角色可大致分为经济领导、辐射输出、接受辐射以及普通角色，角色之间需要加强信息与资源的沟通才能使整体网络优势最大化，而环密歇根湖区整体网络为多中心网络结构，各角色之间既相互独立又紧密联系，并且核心区内角色之间联系非常密切，没有划分出明显派系。

其次，本书采用 DEA 的 BCC 模型和 Malmquist 指数模型，对环鄱阳湖区和环密歇根湖区城市群整体和分区的经济联系进行了比较研究。①从效率总体比较来看，环鄱阳湖区的大部分城市处在空间网络联系的生产前沿面上，密歇根湖区只有少部分城市位于生产前沿面上，不在生产前沿面上的城市逐渐向生产前沿面上的城市靠近。②从效率分解来看，环鄱阳湖城市群空间网络绩效的变化是技术效率和技术水平共同作用的结果，其中技术水平的作用更为明显，而环密歇根湖城市群空间网络绩效的变化则是技术效率和规模效率共同作用的结果，其中规模效率的作用更为明显。③从效率空间差异分布看，两个研究区城市群空间网络发展速度呈现外围区 > 核心区 > 边缘区的规律。

最后，本书基于 SNA 和 DEA 分析结果，从投入产出效率、核心城市培养、角色分工和网络流畅角度提出鄱阳湖城市群空间结构网络绩效优化的若干策略。

第二节　讨论

（1）本书在异速增长现象的分析中，没有充分论证异速增长系数的标度因子，而多是凭借经验得出，这是理论上的一种缺憾。

（2）本书在竞争合作的分析中，对 Dendrinos-Sonis 模型只考虑了时滞，却没有对空间因素进行考量，是不完全有误差的 D－S 模型。在未来进一步的研究中，还需要在分析中引入空间权重，这样城市之间的竞争合作综合了时间和空间的考量，更能够刻画城市间相互作用的真实情况。

（3）本书在分析过程中由于某些数据指标收集的困难，如建成区面积在统计年鉴中只提供至地级市以上，其他县市的这一指标值来源于各地的政府工作报告等资料，或是通过谷歌地图提取得来，这导致数据收集不完备，时间跨度不一致，对结果的分析也有一定的影响。在以后的研究中，仍需要在数据的获取方面不断努力，以求用最接近真实情况的数据来支撑研究分析。

（4）在对环鄱阳湖区城市群的异速增长模拟中，异速增长系数的确定具有一定的主观性，在异速增长规律确定的系数区间内的值都可被采用，本书简略地沿用了 2010 年的数据，未必是最合适的系数。此外由于时间关系，本书未能逐年进行模拟以便于同已有的 TM 影响进行对比，从而验证模拟的结果。

（5）由于受到计量方法和软件限制，本书未能使用包含截面依赖性和结构变化的第二代面板单位根和协整检验环鄱阳湖城市群城市规模结构非线性的形成路径。

（6）由于理解上的差异，本书在湖域城市群空间网络结构绩效分析框架和模型构建中，不能完全从空间分布（绩效水文梯度、绩效通达度）、经济联系（绩效投入度、绩效产出度）、社会联系（绩效舒展度、绩效紧凑度）和自身状态发育（绩效 OD 比、绩效发育度）4 个维度构建湖域城市群空间网络结构绩效分析框架，这使得研究依然不够系统科学。

（7）由于数据获取的难度，本书在环鄱阳湖和环密歇根湖城市群空间网络结构绩效特征比较分析中，不能利用探索性空间数据分析 ESDA 方法、投入产出分析 IO 分析、空间网络分析 SNA 技术和空间马尔科夫链 SMC 技术对两个地区城市群空间网络结构绩效空间分布、经济联系、社会联系和自身状态发育进行全面的评价与比较。

参考文献

［1］ 班茂盛等：《基于分形理论的浙江省城市体系规模结构研究》，《中国人口科学》2004 年第 6 期。

［2］ 常静等：《修正后的城市系统异速生长方程实证研究——以大连市为例》，《地理科学》2004 年第 4 期。

［3］ 陈良文等：《中国城市体系演化的实证研究》，《江苏社会科学》2007 年第 1 期。

［4］ 陈明星等：《基于空间句法的城市交通网络特征研究——以安徽省芜湖市为例》，《地理与地理信息科学》2005 年第 2 期。

［5］ 陈溶萍等：《城市城区面积——城市人口异速生长关系研究》，《产业与科技论坛》2008 年第 10 期。

［6］ 陈雯等：《水环境约束分区与空间开发引导研究——以无锡市为例》，《湖泊科学》2008 年第 1 期。

［7］ 陈彦光：《分形城市系统：标度·对称·空间复杂性》，科学出版社，2008。

［8］ 陈彦光等：《城市空间网络：标度、对称、复杂与优化——城市体系空间网络分形结构研究的理论总结报告》，《信阳师范学院学报（自然科学版）》2004 年第 3 期。

［9］ 陈彦光等：《城市系统的异速生长关系与位序 - 规模法则——对 Steindl 模型的修正与发展》，《地理科学》2001 年第 5 期。

［10］ 陈彦光等：《区域城市人口 - 面积异速生长关系的分形几何模

型——对 Nordbeck-Dutton 城市体系异速生长关系的理论修正与发展》,《信阳师范学院学报（自然科学版)》,1999 年第 2 期。

[11] 陈彦光等:《水系结构的分形和分维——Horton 水系定律的模型重建及其参数分析》,《地球科学进展》2001 年第 2 期。

[12] 陈彦光等:《异速生长定律与城市郊区化的分维刻画》,《华中师范大学学报（自然科学版)》2004 年第 3 期。

[13] 陈彦光等:《豫北地区城市体系相关作用的分形模式》,《信阳师范学院学报（自然科学版)》1997 年第 4 期。

[14] 陈彦光等:《中心地体系与水系分形结构的相似性分析》,《地理科学进展》2001 年第 1 期。

[15] 陈勇等:《城市规模分布的分形研究》,《经济地理》1993 年第 3 期。

[16] 代合治等:《世纪之交中国城市体系的结构变动与特征》,《人文地理》2004 年第 6 期。

[17] 戴特奇等:《空间相互作用与城市关联网络演进——以我国 20 世纪 90 年代城际铁路客流为例》,《地理科学进展》2005 年第 2 期。

[18] 杜国明等:《基于遥感的城乡人口分布模拟——以松原市为例》,《遥感学报》2007 年第 2 期。

[19] 段七零:《江苏城市体系规模结构与空间结构的分形特征》,《地域研究与开发》2011 年第 1 期。

[20] 费潇:《环杭州湾地区空间网络化发展特征分析》,《地域研究与开发》2010 年第 4 期。

[21] 付正辉等:《水环境约束下区域适度人口研究》,《北京大学学报（自然科学版)》2018 年第 1 期。

[22] 富田和晓:《大都市圈の构造の变容》,古今书院（日),1995。

[23] 高鸿鹰等:《我国城市规模 Pareto 分布指数测算及影响因素分

析》，《数量经济技术经济研究》2007 年第 4 期。

［24］ 顾朝林：《中国城镇体系》，商务印书馆，1992。

［25］ 顾朝林：《中国城镇体系等级规模分布模型及其结构预测》，《经济地理》1990 年第 3 期。

［26］ 顾朝林等：《中国城市化格局·过程·机制》，科学出版社，2008。

［27］ 顾朝林等：《中国城市体系现状特征》，《经济地理》1998 年第 1 期。

［28］ 韩玉军等：《门槛效应、经济增长与环境质量》，《统计研究》2008 年第 9 期。

［29］ 何韶瑶等：《基于网络城市理念的城市群空间结构体系研究——以长株潭城市群为例》，《湖南大学学报（自然科学版)》2009 年第 4 期。

［30］ 黄晓峰等：《基于分形的福建省城市规模分布动态演变分析》，《福建师大学报（自然科学版)》2007 年第 2 期。

［31］ 姜世国：《呼和浩特地区城镇体系工农业发展能力的异速生长分析》，《经济地理》2004 年第 6 期。

［32］ 匡文慧等：《1900 年以来长春市土地利用空间扩张机制分析》，《地理学报》2005 年第 5 期。

［33］ 雷菁等：《利用城市流强度划分中心城市规模等级体系——以江西省为例》，《城市问题》2006 年第 1 期。

［34］ 李春林等：《水环境约束下的微山县产业结构优化调整研究》，《中国人口·资源与环境》2012 年第 2 期。

［35］ 李郇等：《中国城市异速增长分析》，《地理学报》2009 年第 4 期。

［36］ 李立勋等：《改革开放以来珠三角城市规模结构及其分形特征》，《热带地理》2007 年第 3 期。

［37］ 李震等：《基于 GDP 规模分布的中国城市等级变化研究——等级结构扁平化抑或是等级性加强》，《城市规划》2010 年第 4 期。

［38］ 梁进社等：《城市用地与人口的异速增长和相关经验研究》，《地

理科学》2002 年第 6 期。

[39] 刘继生等:《长春地区城镇体系时空关联的异速生长分析: 1949 ~ 1988 年》,《人文地理》2000 年第 3 期。

[40] 刘继生等:《城市密度分布与异速生长定律的空间复杂性探讨》,《东北师大学报 (自然科学)》2004 年第 4 期。

[41] 刘继生等:《城市体系等级结构的分形维数及其测算方法》,《地理研究》1998 年第 1 期。

[42] 刘继生等:《河南省城镇体系空间结构的多分形特征及其与水系分布的关系探讨》,《地理科学》2003 年第 6 期。

[43] 刘继生等:《山东省城市人口 – 城区面积的异速生长特征探讨》,《地理科学》2005 年第 2 期。

[44] 刘明华等:《河南省城市人口 – 面积时空关联的分形特征》,《信阳师范学院学报 (自然科学版)》1999 年第 2 期。

[45] 刘乃全等:《中国城市体系规模结构演变: 1985 ~ 2008 年》,《山东经济》2011 年第 2 期。

[46] 刘清春等:《中国区域经济差异形成的三次地理要素》,《地理研究》2009 年第 2 期。

[47] 刘效龙等:《中原城市群城市规模等级的时空演变分析》,《地域研究与开发》2011 年第 3 期。

[48] 刘耀彬:《资源环境约束下的适宜城市化进程测度理论与实证研究》,社会科学文献出版社,2011。

[49] 刘耀彬等:《基于 SNA 的环鄱阳湖城市群网络结构的经济联系分析》,《长江流域资源与环境》2013 年第 3 期。

[50] 刘振灵:《资源基础型城市群城镇体系规模结构的时空演变研究》,《资源科学》2011 年第 6 期。

[51] 吕金嵘等:《近 20 年来中原城市群城市规模结构的演变特征分析》,《河南科学》2008 年第 6 期。

［52］ 吕祯婷等：《基于分形理论的安徽省城市体系规模分布研究》，《世界地理研究》2008 年第 3 期。

［53］ 毛小静：《城市理性发展与经营机制创新》，东南大学出版社，2004。

［54］ 那伟等：《吉林省城市体系等级规模结构研究》，《人文地理》2007 年第 5 期。

［55］ 聂芹：《山东省城市体系等级规模结构研究》，《城市发展研究》2009 年第 7 期。

［56］ 潘鑫等：《长江三角洲都市连绵区城市规模结构演变研究》，《人文地理》2008 年第 3 期。

［57］ 蒲英霞等：《长江三角洲地区城市规模分布的时空演变特征》，《地理研究》2009 年第 1 期。

［58］ 秦腾等：《农业发展进程中的水环境约束效应及影响因素研究——以长江流域为例》，《南京农业大学学报》（社会科学版）2017 年第 2 期。

［59］ 秦耀辰等：《分形理论在地理学中的应用研究进展》，《地理科学进展》2003 年第 4 期。

［60］ 石元安：《80 年代以来我国城市人口与用地的异速增长分析》，《城市问题》1996 年第 1 期。

［61］ 苏飞等：《辽中南城市群城市规模分布演变特征》，《地理科学》2010 年第 3 期。

［62］ 孙伟：《经济发达地区水环境约束分区与产业准入研究——以无锡市区为例》，《长江流域资源与环境》2011 年第 7 期。

［63］ 孙在宏等：《基于分形理论的江苏省城市规模分布与异速生长特征》，《地理研究》2011 年第 12 期。

［64］ 谈明洪等：《Zipf 维数和城市规模分布的分维值的关系探讨》，《地理研究》2004 年第 2 期。

[65] 谭建华等:《四川省城市体系等级规模结构分形研究》,《西南大学学报（自然科学版)》2010 年第 10 期。

[66] 汤放华等:《基于分形理论的长株潭城市群等级规模结构研究及对策》,《人文地理》2008 年第 5 期。

[67] 王放:《中国城市化与可持续发展》,科学出版社,2000。

[68] 王厚军等:《辽宁中部城市群城市体系等级规模结构》,《生态学杂志》2009 年第 3 期。

[69] 王济川等:《Logistic 回归模型:方法与应用》,高等教育出版社,2001。

[70] 王姣娥等:《中国航空网络空间结构的复杂性》,《地理学报》2009 年第 8 期。

[71] 王珺等:《从"单中心区域"到"网络城市"优化战略研究——武汉城市圈空间格局》,《国际城市规划》2008 年第 5 期。

[72] 王丽明等:《优化城市体系空间网络结构的思考——以河北省为例》,《中南财经政法大学学报》2005 年第 6 期。

[73] 王茂军等:《基于距离与规模的中国城市体系规模结构》,《地理研究》2010 年第 7 期。

[74] 王慎敏:《中国城市发展问题报告》,中国社会科学出版社,2007。。

[75] 王思思等:《北京市文化遗产空间结构分析及遗产廊道网络构建》,《干旱区资源与环境》2010 年第 6 期。

[76] 王秀芬等:《山东省城市规模结构及其分形特征》,《河南科学》2009 年第 10 期。

[77] 王云才等:《城市景观生态网络规划的空间模式应用探讨》,《长江流域资源与环境》2009 年第 9 期。

[78] 王振坡等:《京津冀城市群城市规模分布特征研究》,《上海经济研究》2015 年第 7 期。

[79] 韦亚平等:《都市区空间结构与绩效——多中心网络结构的解释

与应用分析》，《城市规划》2006 年第 4 期。

[80] 吴威等：《长江三角洲公路网络的可达性空间格局及其演化》，《地理学报》2006 年第 10 期。

[81] 夏海斌等：《中国大陆空间结构分异的进化》，《地理研究》2012 年第 12 期。

[82] 邢海虹等：《基于分形理论对陕西城市体系等级规模分布研究》，《陕西理工学院学报（自然科学版）》2007 年第 2 期。

[83] 许学强：《我国城镇规模体系的演变和预测》，《中山大学学报（社会科学版）》1982 年第 3 期。

[84] 严重敏：《试论我国城乡人口划分标准和城市规模等级问题》，《人口与经济》1989 年第 2 期。

[85] 杨东奇等：《从城市管理走向城市经营》，《城市规划》2006 年第 11 期。

[86] 杨国安等：《中国城镇体系空间分布特征及其变化》，《地球信息科学学报》2004 年第 3 期。

[87] 杨俊等：《基于因果网络模型的城市生态安全空间分异——以大连市为例》，《生态学报》2008 年第 6 期。

[88] 杨清可等：《基于水环境约束分区的产业优化调整——以江苏省太湖流域为例》，《地理科学》2016 年第 10 期。

[89] 姚士谋等：《区域发展中"城市群现象"的空间系统探索》，《经济地理》2006 年第 5 期。

[90] 姚士谋等：《中国城市群》，中国科学技术大学出版社，2006。

[91] 余斌：《豫北地区城镇体系异速增长的分维分析》，《信阳师范学院学报（自然科学版)》1997 年第 4 期。

[92] 喻定权等：《基于分形理论的湖南省城市体系规模分布》，《经济地理》2006 年第 1 期。

[93] 张国祺等：《分形理论对世界认识的意义》，《大自然探索》1994

年第 1 期。

[94] 张虹鸥等:《珠江三角洲城市群城市规模分布变化及其空间特征》,《经济地理》2006 年第 5 期。

[95] 张莉:《我国区际经济联系探讨——以铁路客运为例》,《中国软科学》2001 年第 11 期。

[96] 张思彤等:《我国城市增长路径的非对称特征分析》,《华中师范大学学报 (自然科学版)》2010 年第 1 期。

[97] 张显峰:《基于 CA 的城市扩展动态模拟与预测》,《中国科学院大学学报》2000 年第 1 期。

[98] 张豫芳等:《天山北坡城市群地域空间结构时空特征研究》,《中国沙漠》2008 年第 4 期。

[99] 钟业喜等:《基于铁路网络的中国城市等级体系与分布格局》,《地理研究》2011 年第 5 期。

[100] 周彬学等:《基于分形的城市体系经济规模等级演变研究》,《地理科学》2012 年第 2 期。

[101] 周军:《中国城镇体系研究:综述与展望》,《城市问题》1995 第 4 期。

[102] 周一星:《城市地理学》,商务印书馆,1995。

[103] 周一星等:《我国城镇等级体系变动的回顾及其省区地域类型》,《地理学报》1986 年第 2 期。

[104] 朱列:《区域 GDP 份额演变过程中区域竞争与互补关系的实证研究——以广西五大经济区为例》,《经济与社会发展》2008 第 8 期。

[105] 宗跃光等:《基于复杂网络理论的城市交通网络结构特征》,《吉林大学学报 (工学版)》2009 年第 4 期。

[106] Abuaf, N., Jorion, P., "Purchasing Power Parity in the Long Run", *The Journal of Finance* 45 (1), 1990.

[107] Alonso, W. , "Location and Land Use: Toward a General Theory of Land Rent", *Economic Geography* 42 (3), 1964.

[108] Anderson, G. T. , Ge, Y. , "The Size Distribution of Chinese Cities", *Regional Science and Urban Economics* 35, 2005.

[109] Auerbach, F. , "Das Gesetz Der Bev? lkerungskonzentration", *Petermanns Geographische Mitteilungen* 59, 1913.

[110] Auerbach, Felix, "Die Weltherrin und ihr Schatten. Ein Vortrag über Energie und Entropie", *Nature* 66, 1913.

[111] Barro, R. J. , *Sala-I-Martin X. Economic Growth.* (New York: McGraw-Hill, 1995).

[112] Barthélemy, M. , Flammini, "A. Co-evolution of Density and Topology in a Simple Model of City Formation", *Networks and Spatial Economics* 9, 2009.

[113] Bass Frank, M. , "A New Product Growth for Model Consumer Durables", *Management Science* 50, 2004.

[114] Batty, M. , Carvalho, R. , Hudson-Smith, A. , Milton, R. , Smith, D. , Steadman, P. , "Scaling and Allometry in the Building Geometries of Greater London", *Europoean Physical Journal B* 63 (3), 2008.

[115] Batty, M. , "Cities as Fractals: Simulating Growth and Form", *Fractals and Chaos*, 1991.

[116] Batty, M. , *Hierarchy in Cities and City Systems* (Hierarchy in Natural and Social Sciences. Springer Netherlands, 2006).

[117] Batty, M. , Hudsonsmith, A. , *Imagining the Recursive City: Explorations in Urban Simulacra* (Societies and Cities in the Age of Instant Access. Springer Netherlands, 2007).

[118] Batty, M. , Longley, P. , A. , *Fractal Cities: A Geometry of Form*

and Function (London: Academic Press, 1994).

[119] Batty, M., "The Size, Scale, and Shape of Cities", *Science* 319, 2008.

[120] Beckmann Martin, J., "City Hierarchies and the Distribution of City Size", *Economic Development and Cultural Change* 6 (3), 1958.

[121] Benguigui, L., Blumenfeld-Lieberthal E., "Beyond the Power Law-a new Approach to Analyze City Size Distributions", *Computers, Environment and Urban Systems* 31 (6), 2007.

[122] Berry, B. J. L., Okulicz-Kozaryn, A., "The City Size Distribution Debate: Resolution for US Urban Regions and Megalopolitan Areas", *Cities* 29, 2012.

[123] Bertaud, A., "The Spatial Organization of Cities: Deliberate Outcome or Unforeseen Consequence ?", *Institute of Urban and Regional Development University of California at Berkeley*, 2004.

[124] Bessey, K. M., "Structure and Dynamics in an Urban Landscape: Toward a Multiscale View", *Ecosystems* 5 (4), 2002.

[125] Bettencourt, L. M. A., Lobo, J., West, G. B., "Why are Large Cities Faster? Universal Scaling and Self-similarity in Urban Organization and Dynamics", *The European Physical Journal B* 63, 2008.

[126] Black, D., Henderson, J. V., "A Theory of Urban Growth", *Journal of Political Economy* 107 (2), 1999.

[127] Black, D., Henderson, J. V., "Urban Evolution in the USA", *Journal of Economic Geography* 3, 2003.

[128] Bosker, M., Brakman, S., Garretsen, H. et al., "Ports, Plagues and Politics: Explaining Italian City Growth 1300 ~ 1861", *European Review of Economic History* 12 (1), 2008.

[129] Brakman, S., Garretsen, H., Van Marrewijk C., *An Introduction*

to Geographical Economics. (*Cambridge*, New York: Cambridge University Press, 2001).

[130] Bunnell, T., Barter, P. A., Morshidi, S., "Kuala Lumpur Metropolitan Area: A Globalizing City-Region", *Cities* 19 (5), 2002.

[131] Carroll, G. R., "National City Size Distributions: What do We Know After 67 Years of Research?", *Human Geography* 6, 1982.

[132] Charnes, A., Cooper W. W., Rhodes E., "Measuring the Efficiency of Decision Making Units", *European Journal of Operational Research* 2 (6), 1978.

[133] Chen, H. P., "Path-dependent Processes and the Emergence of the Rank Size Rule", *Annals of Regional Science* 38, 2004.

[134] Chen, Y., "The Mathematical Relationship between Zipf's Law and the Hierarchical Scaling Law", *Physica A Statistical Mechanics & Its Applications* 391 (11), 2012.

[135] Chen, Y. G., "Analogies between Urban Hierarchies and River Networks: Fractals, Symmetry, and Self-organized Criticality", *Chaos, Solitons & Fractals* 40, 2009.

[136] Chen, Y. G., Zhou, Y. X., "Multi-fractal Measures of City-size Distributions Based on the Three-parameter Zipf Model", *Chaos, Solitons & Fractals* 22, 2004.

[137] Chen, Y. G., Zhou, Y. X., "Scaling Laws and Indications of Self-organized Criticality in Urban Systems", *Chaos, Solitons & Fractals* 35, 2008.

[138] Chen, Y. G., Zhou, Y. X., "The Rank-size Rule and Fractal Hierarchies of Cities: Mathematical Models and Empirical Analyses", *Environment and Planning B: Planning and Design* 30, 2003.

[139] Christaller, W., *Central Places in Southern Germany* (New Jersey:

Prentice Hall, 1966).

[140] Churchill, A. , "Cities in Conflict. Planning and Management of A-sian Cities", *World Bank*, *Washington DC*, 2007.

[141] Córdoba, J. C. , "On the distribution of City Sizes. ", *Journal of Urban Economics* 63, 2008.

[142] Dasgupta P. , "The Economics of Non-convex Ecosystems: Intro-duction", *Environmental and Resource Economics* 26, 2003.

[143] Dendrinos, D. S. , "Cities as Spatial Chaotic Attractors", *Chaos Theory in the Social Science: Foundations and Applications*, edited by L. D. Kiel and E. Elliott Annbor (The University of Michigan Press, 1996).

[144] Duraton, G. , "Some Foundation for Zipf's Law: Product Prolifera-tion and Local Spillovers ", *Regional Science and Urban Economics* 36, 2006.

[145] Duraton, G. , "Urban Evolutions: The Fast, the Slow and the Stall", *American Economic Review* 97, 2007.

[146] Eaton, J. , Eckstein, Z. , "Cities and growth: Theory and Evidence from France and Japan", *Regional and Urban Economics* 27, 1997.

[147] Eeckhout, J. , "Gibrat's Law for (all) Cities", *American Econom-ic Review* 94, 2004.

[148] Eeckhout, Jan, "Gibrat's Law for (All) Cities: Reply", *American Economic Review* 99 (4), 2009.

[149] Frankhauser, Pierre, "The Fractal Approach. A New Tool for the Spatial Analysis of Urban Agglomerations", *Population: An English Selection* , 1998.

[150] Fujita, M. , Krugman, P. , Mori, T. , "On the Evolution of Hierar-chical Urban Systems. ", *European Economic Review* 43, 1999.

[151] Fujita, M., Mori, T., "The Role of Ports in the Making of Major Cities: Self-agglomeration and Hub-effect.", *Journal of Development Economics* 49 (1), 2004.

[152] Gabaix, X., Ioannides, Y. M., "The Evolution of City Size Distributions", *Handbook of Regional and Urban Economics* 4, 2004.

[153] Gabaix, X., "Zipf's Law and the Growth of Cities", *American Economic Review* 89, 1999.

[154] Gabaix, X., "Zipf's Law for Cities: an Explanation", *Quarterly Journal of Economics* 114, 1999.

[155] Gallup, J. L., Sachs, J. D., Mellinger, A. D., "Geography and Economic Development", *Harvard Institute of Economic Research Working Papers*, 1998.

[156] Garmestani, A. S., Allen, C. R., Gallagher C M., "Power Laws, Discontinuities and Regional City Size Distributions", *Journal of Economic Behavior and Organization* 68 (1), 2008.

[157] Gibrat, R., *Les Inégalitéséconomiques*, Paris, France, 1931.

[158] Giesen K., Zimmermann A., Suedekum J., "The Size Distribution across All Cities-Double Pareto Lognormal Strikes", *Journal of Urban Economics* 68 (2), 2010.

[159] Hansen, B. E., "Inference When a Nuisance Parameter Is Not Identified under the Null Hypothesis", *Econometrica* 64, 1996.

[160] Hansen, B. E., "Threshold Effects in Non-dynamic Panels: Estimation, Testing and Inference", *Journal of Econometrics* 93, 1999.

[161] Hansen, E., "Sample Splitting and Threshold Estimation", *Econometrica* 68 (3), 2000.

[162] Henderson J. Vernon, "Chapter 23 General Equilibrium Modeling of Systems of Cities", *Handbook of Regional and Urban Economics*

2，1987.

[163] Hillier, B. , "Between Social Physics and Phenomenology: Explorations towards an Urban Synthesis? ", *The 5th International Space Syntax Symposium*, 2005.

[164] Hillier, B. , "Centrality as a Process", *Urban Design International*, 1999.

[165] Hillier, B. , Hanson, J. , *The Social Logic of Space* (Cambridge University Press, 1984).

[166] Hillier, B. , "Space is the Machine", *Cambridge University Press*, 1996.

[167] Holmes, Tom, Sanghoon Lee, "Cities as Six-by-Six Mile Squares: Zipf's Law?", *Agglomeration Economics*, edited by Ed Glaeser, University of Chicago Press, 2010.

[168] IM Kyung So, H. Pesaran, Y. Shin. , "Testing for Unit Roots in Heterogeneous Panels", *Journal of Econometrics* 115 (1), 2003.

[169] Ioannides, Y. M. , Dobkins, L. H. , " Dynamic Evolution of the U. S. City Size Distribution", *Department of Economics*, Tufts University, 1998.

[170] Isalgue, A. , Coch, H. , Serra, R. , "Scaling Laws and the Modern City", *Physica A* 382 (2), 2007.

[171] Jefferson, M. , "The Law of the Primate City", *Geographical Review* 29 (2), 1939.

[172] Jorg, S. H. , Alexander S. , Andre F. , Bremer S. , "Towards the Multimodal Transport of People and Freight: Interconnective Networks in the RheinRuhr Metropolis", *Journal of Transport Geography*, 2003.

[173] Kao, C. , Chiang, M. H. , "On the Estimation and Inference of a

Cointegrated Regression in Panel Data", *Social Science Electronic Publishing*, 2011.

[174] Kobayashi, K., Okumura, M., "The Growth of City Systems with High-Speed Railway Systems", *Annals of Regional Science* 31 (1), 1997.

[175] Krugman, P. R., "Confronting the Mystery of Urban Hierarchy", *Journal of the Japanese and the International Economies* 10, 1996.

[176] Krugman, P. R., "First Nature, Second Nature, and Metropolitan Location", *NBER Working Papers* 33 (2), 1991.

[177] Lee, Y., "An Allmetric Analysis of the US Urban System: 1960 – 1980", *Environment and Planning A*, 1989.

[178] Levin, A., Lin, C., Chu, C. S., "Unit Root Tests in Panel Data: Asymptotic and Finite-Sample Properties", *Journal of Econometrics* 108 (1), 1992.

[179] Li, S. M., Yi-man Shun, Y. M., "Impacts of the National Trunk Highway System on Accessibility in China", *Journal of Transport Geography*, 2001.

[180] Liu, Y. B., Yao, C. S., "Analysis of Spatio-temporal Dynamic Pattern of Urban Sprawl around Poyang Lake Using TM Images and GIS", *Computers, Environment and Urban Systems*, 2011.

[181] Malevergne, Y., Pisarenko, V., Sornette, D., "Testing the Pareto against the Lognormal Distributions with the Uniformly Most Powerful Unbiased Test Applied to the Distribution of Cities", *Physical Review E* 83 (3), 2011.

[182] Mandelbrot, B., *The Fractal Geometry of Nature* (San Francisco: W. H. Freeman, 1982).

[183] Mandelbrot, B., "Very Long-Tailed Probability Distributions and

the Empirical Distribution of City Sizes", *Mathematical Explanations in Behavioral Science*, 1965.

[184] Meijers, Evert, "Polycentric Urban Regions and the Quest for Synergy: Is a Network of Cities more than the Sum of the Parts?", *Urban Studies* 42, 2005.

[185] Morton, E. O., Kelly, "A Geographer's Analysis of Hub-and-spoke Networks", *Journal of Transport Geography* 6 (3), 1998.

[186] Mun, S., "Transport Network and System of Cities", *Journal of Urban Economics* 42 (2), 1997.

[187] Murcio, R., Rodríguez-Romo, S., "Modeling Large Mexican urban Metropolitan Areas by a Vicsek Szalay Approach", *Physica A-Statistical Mechanics and Its Applications* 390 (16), 2011.

[188] Nordbeck, S., "Urban Allometric Growth", *Geografiska Annaler. Series B, Human Geography* 53 (1), 1971.

[189] Perron, P., "The Great Crash, the Oil Price Shock, and the Unit Root Hypothesis", *Econometrica* 57 (6), 1989.

[190] Poter, E. M., "Cluster and the New Economics of Competition", *Harvard Business Review* 76 (6), 1998.

[191] Pumain, D., Moriconi-Ebrard F., "City Size Distributions and Metropolisation", *Geojournal* 43 (4), 1997.

[192] Pumain, D., Sanders, L., Bretagnolle A. et al., *The Future of Urban Systems: Exploratory Models* (Complexity Perspectives in Innovation and Social Change. Springer Netherlands, 2009).

[193] Rafael González-Val, "The Evolution of U. S. City Size Distribution from a Long-term Perspective (1900 – 2000)", *Journal of Regional Science* 50 (5), 2010.

[194] Rakodi, C., "Cities and People: towards a Gende-aware Urban

Planning Process", *Public Administration and Development*, 2004.

[195] Ricard HortaBernús, Martí RosasCasals, Valverde, S. , "Discerning Electricity Consumption Patterns from Urban Allometric Scaling", *Complexity in Engineering. IEEE Computer Society*, 2010.

[196] Richardson, H. , *Problems of Metropolitan Management in Asia Urban Management* (Greenwood Praeger Press, 2008).

[197] Rosen, K. , Resnick, M. , "The Size Distribution of Cities: an Examination of the Pareto Law and Primacy", *Journal of Urban Economics*, 1980.

[198] Rossi-Hansberg, E. , Wright, M. L. J. , "Urban Structure and Growth", *Review of Economic Studies*, 2007.

[199] Semboloni, F. , "Hierarchy, Cities Size Distribution and Zipf's Law", *European Physical Journal B* 63 (3), 2008.

[200] Soo, K. T. , "Zipf's Law for Cities: a Cross-country Investigation", *Regional Science and Urban Economics*, 2005.

[201] Uma, J. , Son, S. W. , Lee, S. I. , Jeong, H. , Kim, B. J. , "Scaling Laws between Population and Facility Densities", *Proceedings of the National Academy of Sciences*, 2009.

[202] White, R. , Engelen, G. , "Urban Systems Dynamics and Cellular Automata: Fractal Structures between Order and Chaos", *Chaos, Solitions & Fractals* 4 (4), 1994.

[203] Williams, P. , Leonard, "Urban Management Realism: a Concept of Relevance", *Area*, 2006.

[204] Wim Naudé, "Geography, Transport and Africa's Proximity Gap", *Journal of Transport Geography*, 2009.

[205] Yanguang, C. , Raul, H. M. A. , "Modeling Fractal Structure of City-Size Distributions Using Correlation Functions", *Plos One* 6

(9), 2011.

[206] Zhang, J., Yu, T. K., "Allometric Scaling of Countries", *Physica A*, 2010.

[207] Zipf, G. K., *Human Behavior and the Principle of Least Effort*, Mass: Addison-Wesley, 1949.

[208] Zipf, G. K., "The Unity of Nature, Least-Action, and Natural Social Science", *Sociometry* 5 (1), 1942.

[209] Zivot, E., Andrews D. W. K., "Further Evidence on the Great Crash, the Oil-Price Shock, and the Unit-Root Hypothesis", *Journal of Business & Economic Statistics* 20 (1), 1992.

图书在版编目（CIP）数据

环湖城市群规模结构演变与绩效 / 刘耀彬著. -- 北
京：社会科学文献出版社，2020.6
ISBN 978 - 7 - 5201 - 6623 - 2

Ⅰ.①环… Ⅱ.①刘… Ⅲ.①鄱阳湖 - 城市群 - 空间
结构 - 发展 - 研究 Ⅳ.①F299.275.6

中国版本图书馆 CIP 数据核字（2020）第 079931 号

环湖城市群规模结构演变与绩效

著　　者／刘耀彬

出 版 人／谢寿光
责任编辑／高　雁
文稿编辑／梁　雁

出　　版／社会科学文献出版社·经济与管理分社（010）59367226
　　　　　　地址：北京市北三环中路甲29号院华龙大厦　邮编：100029
　　　　　　网址：www.ssap.com.cn
发　　行／市场营销中心（010）59367081　59367083
印　　装／三河市尚艺印装有限公司

规　　格／开本：787mm×1092mm　1/16
　　　　　　印张：13　插页：0.75　字数：170千字
版　　次／2020年6月第1版　2020年6月第1次印刷
书　　号／ISBN 978 - 7 - 5201 - 6623 - 2
定　　价／138.00元